「いじめ防止対策」と子どもの権利

いのちをまもる学校づくりをあきらめない

鈴木庸裕／住友　剛／桝屋二郎　編著

葛岡道男／葛岡　睦／倉持　惠／岡部睦子

牧野晶哲／山本操里／佐藤洋子

かもがわ出版

まえがき
――事態が起こってしまう前の「気づき」のために――

「のどもと過ぎれば」。


もうこの言葉は、いじめ問題の世界から遠のいてもらいたい。

厳しい表現になりますが、「いじめ防止対策推進法」やその趣旨は、まだまだ認知されているとはいえません。「いじめ」「不登校」「自殺」「重大事態」という言葉は、即「対応や対処」といった近視眼的な問題解決への衝動を教育現場に招きます。さらに、「いじめの有無」や「救済できなかったのは誰の責任か」といった狭い局面に関心が向き、実効性のある再発防止や中長期的な事後対応について十分に語られることがありません。

これは地域社会やマスコミにおいても同様です。それでは「どうしていじめの防止なのか」という根っこの部分を深めることになりません。

いじめ防止対策推進法の第1条に、「いじめの防止等のための対策を総合的かつ効果的に推進する」とあり、その目的は、「児童等の尊厳を保持する」ことにあります。いじめはいかなる人間関係や環境においてもあってはならないものという普遍性を考え、学校や子ども社会の中に、他者の尊厳を守る学びを、あきらめることなくつくりあげていかねばなりません。

「手遅れ」「もっと早く相談があれば」といった現状を、いかにつくりかえていけばよいのか。本書は、教師によるいじめ問題への対応や第三者による調査活動とその後のあり方への見直しを、調査や支援に関わる人びとに提案していきたいと思います。

今、いじめ問題はパワハラやセクハラを含むハラスメント問題とパラレルに見ていく必要があります。ハラスメントには他者に向けた身体的、精神的な攻撃、過大な要求や強制あるいは過小な評価とともに、個への侵害（個の尊厳や私的なことに過度に立ち入ること）があります。

いじめが話題に上ると、「あの子は発達障害の疑いがあるから」とか「親の関わりや愛着に問題があるのでは」といった言葉がよく聞かれます。これは、いじめと被害者の苦痛を相殺してしまいかねず、プライバシーへの過度な侵害としてハラスメントにあたります。

本書では、第1部でいじめ問題を学校社会のハラスメントの問題克服ともリンクさせ、だれのためのいじめ対策であるのかを深くとらえかえしています。第2部では、調査委員会の活動や報告がその後の学校づくりといかに関わるのか。そしていじめの調査や検証において調査（第三者）委員となる専門職のあり方について論じています。第3部では、いじめによる自殺（自死）は防ぐことができること、いじめから子どものいのちとくらしをまもるために学校でできること、について述べています。

なお、調査委員会と第三者委員会のように、異なる表現をとっているところがいくつかあります。これはその場面や文脈による違いがあることをお断りしておきます。

本書の執筆者は、立場に違いはあれ、みながいじめ問題の当事者です。いま私たちが最も強く願うのは、調査委員会が立ち上がる以前の学校や家庭、地域で、日頃からともに対話ができることです。そのために本書を活用していただけるなら、それは編者としての喜びです。

2020年1月

鈴木　庸裕

「いじめ防止対策」と子どもの権利

第1部

いじめと子どもの生きる権利

住友　剛

学校における子どもの権利擁護の課題としての「ハラスメント」

――いじめの重大事態のケースを中心に――

はじめに――「社会現象への論評」から「現場実践者としての議論」へ

　最近、内田良『学校ハラスメント』（朝日新書、2019年）のように、子ども間のいじめ問題に限らず、たとえば学校における教職員から子どもへの暴力（いわゆる体罰）や暴言、セクシュアル・ハラスメントなども含めて、広く「学校ハラスメント」という言葉を用いてくくり、ひとつの社会現象として論じようという動きがある。

　その一方で、私を含む本書の執筆者は「社会現象への論評」として「学校ハラスメント」を語るのではなく、未然防止の取り組みの場で、あるいは重大事態発生時の対応の場で、その「学校ハラスメント」という課題から何を読み解き、どのような対応をするべきなのかを論じる立場にある。いわば「学校ハラスメント」と呼ばれる社会現象に対して、実務的な観点から何に注目し、具体的にどのような対応を行っていくのかを論じるのが、私たち本書の各執筆者の立場である。あるいは、いじめの未然防止や重大事態発生時の対応を実際に担う「現場実践者」の立場から、特にいじめの重大事態を念頭におきつつ、昨今「学校ハラスメント」と呼ばれる社会現象について論じることが、本稿を含むこの本全体の課題意識だといえる。

　そこで本稿においても、主にいじめの重大事態を念頭におきつつ、「学校ハラスメント」を「学校における子どもの権利擁護の課題」として、現場実践者としての立場から実務的に論じていくことにする。また、本稿が特に注目する「いじめの重大事態」とは、いじめ防止対策推進法（2013年）第28条に定める次のような事態を指している。

一　いじめにより当該学校に在籍する児童等の生命、心身又は財産に重大な被害が生じた疑いがあると認めるとき。
二　いじめにより当該学校に在籍する児童等が相当の期間学校を欠席することを余儀なくされている疑いがあると認めるとき。

1　現場実践者的に「学校ハラスメント」をどのようにとらえるか

（1）「学校ハラスメント」の「仮の定義」

さて、今後の論述にかかわるので、ひとまず本稿では「学校ハラスメント」という用語を、学校における下記の①～⑤のような人間関係で起きる問題現象を指す言葉として、「仮」に定義しておく。今後、私たち現場実践者の立場から、さまざまな取り組みを通じて「学校ハラスメント」の諸形態を確認し、この「仮」の定義を修正していく必要があることは、言うまでもない。なお、本稿では下記①〜⑤を「仮の定義」と呼ぶこととする。

①学校内において、子どもどうしの間で、あるいは子どもと教職員間で、「力の不均衡」の存在が存在すること。
②その「力の不均衡」を前提として、ある子どもから別の子どもへ、あるいは教職員から子どもへ、そして時と場合によっては子どもから教職員へ、なんらかのかたちで攻撃的な言動・行為が加えられること。
③その「力の不均衡」のなかで、攻撃的な言動・行為を加える側は、その攻撃を受ける側に対して、何らかの誤った認識を持っている恐れがあること。
④②で述べた攻撃的な言動・行為に対して、時として周囲の人びとからの暗黙の承認や同意がなされている場合もある（その承認や同意が、周囲の人びとにとっても不本意である場合も含む）。
⑤②で述べた攻撃的な言動・行為については、今日、なんらかのかたちで「あってはならない」という規範意識が成立していること。

（2）「いじめの重大事態」のケースに即して

この上記「仮の定義」の実際について、いじめの重大事態のケースに即して、先行研究などの述べるところもふまえて整理しておきたい。

まず、和久田学『学校を変えるいじめの科学』（日本評論社、2019年）では、海外でのいじめ研究の成果を参照しつつ「相手に被害を与える行為」「反復性」「力の不均衡」「不公平な影響」の4つをキーワードとしていじめ問題を捉えようとしている。そのなかでも和久田は特に、「力の不均衡」と「不公平な影響」を重視している。具体的にいうと、「力の不均衡」があるために、いじめの被害にあった子どもは異議申し立てが難しく、無力になりがちである。また、「不公平な影響」とは後述する「シンキング・エラー」とも重なるものであり、具体的にはいじめている側はいじめの被害にあった子どもほどに深刻な事態を捉えていない傾向にあるということを指す(1)。以上の和久田の述べるところは、前述「仮の定義」でいう①〜③の内容に近い。

これに加えて、和久田は「いじめ加害者の最も顕著な特徴は、『共感性のなさに基づくシンキング・エラー』なのである」「シンキング・エラーは、いじめ加害の正当化であるということもできる」という(2)。具体的には、たとえば「仲間うちでの楽しみのために、『遊びだ』という認識のもと、特定の子どもを仲間外れにしたり無視したりする、『あいつには、そういう扱いをしてもいいんだ』と何の根拠もなく思い込んで、同じく特定の子どもに暴力を振い続けたり、命令し続けたりするなどだ。非人道的なことでさえ、加害者たちにそのような認識はない。いわば『仲間』という密室のなかで、間違った考えに支配されてしまう」(3)ということである。このように、和久田のいう「シンキング・エラー」とは、まさに「仮の定義」③でいう「何らかの誤った認識」のことである。

また、森田洋司は「いじめは、悪意によって見えにくくされることもある。いじめが社会問題化し、許されない行動だという観念が成立すればするほど、いじめる側も自分が善くないことをしていると意識している。それだけに、皮肉なことだが、見えないところでいじめが行われ、『偽装』や『正当化』という動機隠しも巧妙になる」(4)という。この「偽装」や「正当化」のためにいじめ加害の子どもたちが用いている理由づけにも、「仮の定義」③でいう「誤った認識」とも重なるものが多々含まれるであろう。

他方で、精神科医の中井久夫は、いじめは、被害にあっている子どもの側から見て「孤立化」「無力化」「透明化」の3段階を経て深刻化するという。まずは深刻ないじめ被害にあっている子どもは周囲の子どもとの関係を断たれ、孤立化させられる。その上で、孤立化を解消しようとするさまざまな試みに対して攻撃が加えられ、抵抗できない状態にされる。そして、日々、被害にあっている子どもの側は攻撃を加える側の意向を気にするようになるとともに、「選択的非注意」というかたちで、周囲の子どももその状況を日常的な光景として見るようになり、気にもとめなくなる(5)。このような状況は、「仮の定義」①②でいう「力の不均衡」の存在と、その不均衡を前提とした攻撃的な言動・行為が行われていることを示すものといえる。また、「透明化」の段階で起きる「選択的非注意」は、「仮の定義」でいう④が起きたということでもある。

なお、前出の森田洋司は、いじめの起きている子どもの集団には、加害に及んだ子ども・被害にあった子どものほかに、いじめを積極的に是認してくれる層としての「観衆」や、起きているいじめに対して知らぬふりを装う「傍観者」が存在するという具合に、いわゆるいじめの「四層構造」の存在を指摘する(6)。この「四層構造」モデルは、先の中井久夫がいう「選択的非注意」とも重ねて読めば、いじめの被害にあった子どもの「孤立化」、つまり「仮の定義」でいう④の状況を社会学的な観点からも位置づけたものと言える。

最後に、2013年に「いじめ防止対策推進法」が制定され、同法第4条で「児童等は、いじめを行ってはならない」と明確に「いじめ」が禁止された。また、いじめ問題については、1980年代半ばからくり返し「徳育の教科化」や懲戒・出席停止措置の積極的な運用とともに、子どもたちの規範意識を高める方向で、いじめ防止策の充実が求められてきたところである。さらに、2006年に改正された教育基本法では、第6条(学校教育)の第2項に「教育を受ける者が、学校生活を営む上で必要な規律を重んずるとともに」という文言が盛り込まれた(7)。前述⑤は、このようなかたちで、いじめを許さない方向での規範意識の変化などをふまえて盛り込んだものである。

しかしながら、前述⑤のような規範意識が成立していてもなお、いじめの重大事態が相次いで起きているとするならば、そこには④のような周囲の人びとの暗黙の承認・同意(不本意の場合を含む)のなかで、加害におよんだ子どもの③のような「シンキング・エラー」を伴いつつ、前述①②のような「力の不均衡」を背景にした攻撃的な行動・言動が行われたと考えなければならない。したがって、たとえ今後も引き続き、いじめを許さないという規範意識をさらに強めても、別の要素を除去したり、緩和する取り組みが並行して、しかも継続的に行われるのでなければ、何らかのかたちで「いじめの重大事態」の起こりうるシチュエーションが学校の中には存在し続けることになるであろう。

(3)「いじめの重大事態」以外のケースに即して

ちなみに、ごく簡潔にではあるが、前述①~⑤の「仮の定義」と関連させつつ、いじめの重大事態以外の「学校ハラスメント」についても触れておきたい。

たとえば子どもとの「力の不均衡」の存在があること前提にして、なおかつ子どもに対する教職員の理解、認識を誤ること、つまり教職員の「シンキング・エラー」が生じた上で、ある特定の子どもに対して「指導の一環」と称しつつ、過剰な叱責や暴力・暴言などを行うことは十分に考えられる。また、その教職員側の「シンキング・エラー」が適切な形で修正されることのないまま、過剰な叱責や暴力・暴言等が継続し、子どもが亡くなるところまで追いつめられることも起こりうる。さらに、他の教職員や周囲の子どもがその当該教職員に対する異議申し立てなどを行いづらい雰囲気があれば、その過剰な叱責や暴力・暴言等は継続するであろう。そして、少なくとも教職員の「体罰」については、現行の学校教育法第11条で禁止されている行為である。このように考えると、いわゆる「指導死」(8)は、このように前述①~⑤の「仮の定義」に照らしてみると、教職員から子どもへの「学校ハラスメント」と考えることが可能である。

他方で、たとえば複数の子どもたちが何らかのかたちである特定の教職員に対して不満を抱き、指導に従うことを拒んだ場合、その教職員は子どもたちへの対応に苦慮し、日々の実践が立ち往生することになる。このような場合、教職員と子どもとの力関係が逆転し、子どもたちの動きに絶えず振り回され、困惑するなど、別のかたちでの「力の不均衡」が生じることになる。そのような状況下で、子どもたちの側からくり返し攻撃的な言動・行動にさらされた教職員は、自分たちこそ「被害を受けている」と認識するであろう。このとき、周囲の教職員が当該の教職員を支えられなかったり、あるいは子どもたちの側から攻撃的な言動・行動をやめようという動きが見られなかったりすれば、このような関係は継続することになり、場合によれば当該の教職員が休退職にまで追いつめられることにもなりかねない。そして、学校の教職員に対する子どもの「傷害又は心身の苦痛を与える行為」は、学校教育法第35条に定める「出席停止」措置の対象となりうる行為でもある。以上のとおり、子どもたちから教職員への暴力・暴言なども、このように前述①〜⑤の「学校ハラスメント」の「仮の定義」に照らして理解することが可能である。

2 子どもの権利擁護の課題としての「学校ハラスメント」
―現場実践者に求められる視点とは―

ここであらためて、本稿の主題である「子どもの権利擁護」に引きつけて「学校ハラスメント」

を位置づけておきたい。また、「学校ハラスメント」のなかでも、特に「いじめの重大事態」を念頭において、「子どもの権利擁護」の課題について論じることとする。

さて、前述のいじめ防止対策推進法上の定義を見ればわかるように、いじめの重大事態が、子どもの権利条約（児童の権利に関する条約）第6条にいう「生命・生存・発達への権利」や第28条の「教育への権利」など、さまざまな子どもの権利侵害を引き起こす事態であることは、あらためていうまでもない。また、いじめ防止対策推進法は第1条（目的）で、「いじめが、いじめを受けた児童等の教育を受ける権利を著しく侵害し、その心身の健全な成長及び人格の形成に重大な影響を与えるのみならず、その生命又は身体に重大な危険を生じさせるおそれがあるもの」と規定している。そして、日本弁護士連合会（日弁連）は、1980年代半ばから蓄積してきた子どもの人権救済活動の取り組みをふまえて、次のようにいじめが重大な子どもの権利侵害であることを訴えてきた。

「いじめ」は、直接的に子どもの生命・身体・精神・財産に向けられた権利侵害である。しかも、現代の「いじめ」の態様は、しばしば集団的・継続的で、被害は複合的な様相を呈している。「いじめ」を受けた子どもはその心を傷つけられ、豊かな人間関係が結べなくなり、その成長発達の権利に重大な影響を受ける。また、「いじめ」がエスカレートしていった場合には、傷害致死や自殺というかたちで、子どもは生命を失う場合すらある。

「いじめ」は学校教育の中で、学級や学校という閉鎖的な場で、集団力学的に発生している。「いじめ」は、学校が子どもたちの生命・身体・精神を大切にし、これらを育む場になっておらず、結局、学校が子どもたちの権利保障の場になっていないことを表している(9)。

このように、いじめの重大事態が子どもの権利侵害を引き起こす事態でもあり、まずは深刻ないじめ被害に直面する子どもの諸権利を擁護する取り組みが必要な事態でもあること自体は、いじめ防止対策推進法の制定を待つまでもなく、子どもの権利条約が批准された1990年代半ば頃には、すでに社会的にも確認されてきたことである。また、このようないじめ問題に関する子どもの権利論の動向をふまえるかたちで、1999年には兵庫県川西市に子どもの人権オンブズパーソン制度(以下、「川西オンブズ」)(10)が発足するとともに、その後も川西市に続いて、一部の自治体で同様の子どもの相談・救済機関を条例で設置する動きが続いていることを、ここで紹介しておきたい(11)。

一方、1990年代半ばの日弁連の「いじめ」問題に対する認識からは、ただ単に深刻ないじめ被害に直面する子どもの権利擁護のみならず、学校のあり方そのものを「子どもたちの権利保障の場」として適切な状態へと変革する必要性があることも理解可能である。したがって、いじめの重大事態を「子どもの権利侵害」として認識したうえで、子どもの権利擁護の視点から具体的な対応を考えるにあたっては、深刻ないじめ被害に直面する子どもへの支援を行いつつ、同時に、いじめの重大事態を引き起こしてしまった学校のあり方を問い、より「子どもたちの権利保障」の充実へとつなげていくための再発防止策の実施をはかっていくことが大切である。

ちなみに、桜井智恵子は前述の川西オンブズの具体的な実践について、「子ども自身に会い、その気持ちを聴く」ことから始まり、関係調整を中心とした「個別救済」(12)とともに、「困った子どもの声を、困らせることを生み出している社会の構造に届けたい」(13)という観点から調査を実施し、制度改善等まで視野に入れた取り組みの大切さについても言及している。具体的には、「個別救済で子どもが発した声は、私たちの暮らし方や働き方がつくっている構造を変えてほしいという要望でもある。まず成長ありきの、人を分断する経済成長の考え方を、持続可能な社会への柔軟な発想へと転換してほしいという叫びなのである。それは、子どもからの社会的異議申立てなのだ」(14)ということである。この桜井の指摘に即していうならば、いじめの重大事態への対応についても、子どもの権利擁護の視点に立って行うのであれば、深刻ないじめ被害に直面した子どもの声を聴く「個別救済」から、その子どもが過ごす学校の環境改善につながるような「制度改善等」へとつなぐ取り組みが必要だということである。

これに加えて、日弁連は1990年代半ばの時点で、たとえば被害にあった子どもを守るために加害に及んだ子どもに対して出席停止の措置を取る、警察などと連携する等といった「厳しい対応」について、「加害生徒を排除すれば、『いじめ』問題の解決に資するという排除の論理であり、教育的手当てをなすべき教育現場になじまないものである」「さまざまな背景・要因・原因のなかで、生徒は『いじめ』行為をするのであって、『厳しい対応』論は、当の加害生徒の『いじめ』行為の原因解明およびそれらに対する教育的・福祉的手当てをなす努力・機会を、かえって遠ざける危険性を有している」「大切なことは、『いじめ』をする原因をその子どもの内面に即して理解し、その不安定な心情をいやす手当てを講ずることであって、これらの子どもを一方的に加害者とみなして学校教育の場から排除したり、警察などの関係機関による厳しい措置に委ねることではないはずである」と批判していた[15]。このような日弁連の批判・指摘からは、加害に及んだ子どもへの対応もまた「子どもの権利擁護」の視点に立ち、その子どもの置かれてきた状況について一定の理解を示す必要があることとともに、その子どもの立ち直りを支援しつつ、併せて同様のいじめの再発を防ぐ学校環境の改善に努める必要があることを読み取ることができる。また、この１９９０年代半ばに日弁連が述べたことは、いじめ防止対策推進法制定・施行後の今日もなお、いじめの重大事態への対応の各場面において大事にされるべき内容を含んでいる。

以上のことをふまえるならば、いじめ防止対策推進法第４章「いじめの防止等に関する措置」や第５章「重大事態への対処」は、この「個別救済」から「制度改善等」へとつなぐ子どもの権利擁護の視点に立ったかたちで取り組まれる必要があるということになる。具体的に言えば、「深刻ないじめ被害にあった子どもの声をていねいに聴き取り、適切な支援を行いつつ、判明した事実経過等をふまえて学校環境の改善等の諸提案へとつないでいく」取り組みが、子どもの権利擁護の視点からは求められるということである。併せて、加害に及んだ子どもへの対応についても、

「その子どもがいじめ加害に至った心情や背景要因などを適切に把握し、その立ち直りを支援するとともに、加害に至る事実経過等をふまえて学校環境の改善等の諸提案へとつないでいく」ことが求められるということでもある。ちなみに荻上チキはいじめ防止策に関して「不機嫌な教室」から「ご機嫌な教室」へという提案を行っている(16)が、本稿でいう「学校環境の改善」もまた、その提案に重なるものである。

3 いじめの重大事態の調査委員会の実務に即して
―「子どもの権利擁護」の視点に立った取り組みとは―

ところで、2013年のいじめ防止対策推進法制定以後、私は各地で調査委員会の委員らを対象として、いじめの重大事態発生時の調査・検証作業や被害者家族・遺族対応のあり方についての講義(レクチャー)をくり返し行ってきた。その数はすでに十数件になる。また、調査委員会に入る可能性のある弁護士やソーシャルワーカーなどを対象とした学習会でも、何度か講演を行ってきた(17)。ここで少し視点を切り替えて、いじめの重大事態が発生した際に設置される調査委員会の実務に関して触れておきたい。また、その際には、これまで本稿で論じてきた「学校ハラスメント」の定義や子どもの権利擁護に関する議論を適宜参照するかたちで論じることとする。

まず私は、このようなレクチャーの場において、調査・検証作業の軸として、いじめの重大事態で深く傷ついたり、亡くなったりした子ども、つまり「当該の子ども」に何が起きていたのかという事実経過を、できるだけ多くの人が共有可能なものにすることを大事にしてほしいと語ってきた。また、その当該の子どもと周囲の子ども、保護者（遺族・家族）、教職員ら（以後「周囲の人びと」と略）との関係も、当該の子どもの様子を軸としてていねいに描き出す必要があるとも語ってきた。さらに、当該の子どもと周囲の人びとの関係が成立してきた舞台設定として、たとえば当該の子どもの重大事態が生じた学校の教育環境の諸課題や、実際の子どもたちの学校生活で起きていた諸問題、地域社会の教育に関する意識のありようなども描き出す必要があることを強調してきた。

上記のレクチャーで語ったことを一言でまとめると、「当該の子どもを主人公にしたストーリーを描くこと」と整理できる。このことは前述①～⑤の「仮の定義」に照らすと、いじめの重大事態のような「力の不均衡」が生じている事態のなかで、まずは被害にあった子どもの側が直面した状況を時系列的に描き出して、その子どもの訴えを適切に把握するという意味がある。また、「当該の子どもを主人公にしたストーリーを描くこと」を通じて、たとえば被害にあった子どもの側が深刻ないじめの現状を誰かに訴えても十分に聴き取ってもらえない、あるいは訴えることすら難しい状況を言葉で再現することを通じて、前述「仮の定義」④のありようも描き出せるであろう。そして、本稿2で述べた「個別救済」から「制度改善等」へという子どもの権利擁護の視点にも、「当該の子どもを主人公にしたストーリーを描くこと」が合致していることは、あらためて言うまでもない。

さて、「当該の子どもを主人公としたストーリー」をていねいに描き出すためにも、調査委員会側からは、たとえば教職員や他の子どもなど、周囲の人びとが当該の子どもについてどのような記憶と思いを有しているのかをていねいに聴き取る機会を設けていく必要がある。たとえば「あのとき、あの子に、こんなことができればよかった」という悔いや「亡くなったあの子に、せめて今からでもできることを」という願いも含めて、周囲の人びとの思いが適切なかたちで調査・検証作業のさまざまな場面で反映されるように、できるだけ多くの人びとへの協力、参加を呼び掛けていく必要がある。このようなプロセスを経ることで、「仮の定義」④でいう暗黙の承認や同意のありようが問い直され、適切なかたちで修正されることになる。また、子どもの権利擁護の視点、特に「個別救済」の場面で大事にすべき関係調整も、このような周囲の人びとの調査・検証作業への協力・参加のなかで実現できるのではなかろうか。

他方で、周囲の人びとのなかでも、特にいじめ加害に及んだ子どもほど、調査委員会からの聴き取りなどの場面において、「あのときは仕方がなかった」「自分の行ったことはいじめではない」等々、被害にあった子どもへの自らの言動・行動を正当化する主張を行うことも十分考えられる。このようなケースはまさに、「仮の定義」でいう③の「誤った認識」や「シンキング・エラー」が表面化したものと理解可能である。だとすれば、その「誤った認識」や「シンキング・エラー」

が生じた背景を、加害に及んだ子どもの当時の心情や思考、置かれていた状況などに即して理解すべく、その加害に及んだ子どもからのていねいな聴き取りを積み重ねていく必要がある。あるいは、加害に及んだ子どももまた今の学校環境のなかで何らかの困難に直面し、苦しんでいることも十分に考えられる。その場合は調査・検証の過程で、いじめの重大事態そのものが容認しがたいことであることを一方で指摘しつつも、他方で、加害に及んだ子どもの置かれている状況についても一定の理解を示し、その困難や苦しみを生み出している学校環境の改善に関する諸提案を行っていくことが、子どもの権利擁護の視点からも求められることになるであろう。

なお、調査委員会からの聴き取り等への協力要請をくり返し行っても、教職員や他の子どもといった周囲の人びとからの協力・参加がなかなか得られない場合も十分、起こりうることである。あるいは、聴き取りなどを行ってみても、被害にあった子どもほどには周囲の人びとは当時の状況を「あまり覚えていない」場合も、十分に想定できることである。このような場合はいずれも、「その直面している調査・検証作業の現状自体が、いじめの重大事態について何かを物語っている」とも考えることができる。たとえば、前述の「仮の定義」④に関して述べた「透明化」や「選択的非注意」が起きていれば、周囲の人びとが被害にあった子どものことをあまり気に留めず、覚えていないこともありうる。このような周囲の人びとの意識をもう一度、調査・検証作業を通じて、いじめの深刻な被害に直面した子どもの側に寄せていくこともまた、関係調整を通じての「個別救済」の営みであろう。

そして、このような調査・検証作業に周囲の人びとが数多く協力、参加し、当該の子どもに何が起きたのかがわかるようなストーリーが描けた場合は、その内容をできるだけ多くの人びとが共有可能なものにする。たとえば調査結果をまとめた報告書に事実経過を掲載するとともに、再発防止策の提案とともに公表する。また、報告書の公表前には、その公表内容や方法等についても、重大事態で被害にあった子ども及びその家族（遺族）側と学校・教育行政当局側、そして調査委員会との間で合意を形成しておく。このような報告書の公表に関する合意が形成できていれば、その報告書の内容をふまえるかたちで、当該の子どもに起きた出来事とともに再発防止策を語ることが可能になり、たとえばその後の教職員研修等に報告書を活用することも可能になる。また、被害にあった子ども及びその家族（遺族）側は、報告書をふまえて、地域社会のなかで周囲の人びとともに、当該の子どものことについてくり返し語ることが可能となるであろう。そして、子どもの権利擁護の視点に立てば、上記のように当事者間の関係を調整するかたちでいじめの重大事態の調査・検証作業を行い、「個別救済」から「制度改善等」の提案を行うことが、地道な再発防止策の実施につながるのではないかと考える。

おわりに

以上のように、本稿ではこれまでの子どもの権利擁護に関する議論などをふまえつつ、いじめの重大事態を中心に、「学校ハラスメント」への対応において現場実践者に求められる視点などについて論じてきた。また、いじめの重大事態への対応について本稿で述べたことは、「学校ハラスメント」現象としての類似性に注目すれば、教職員から子どもへの暴力・暴言（いわゆる「体罰」を含む）や、子どもたちから教職員への暴力・暴言等のケースへの対応場面においても、ある程度まで適用可能ではないかと考える。その意味で「学校ハラスメント」という言葉を用いて、子どもから子どもへ、教職員から子どもへ、子どもから教職員へと行われる攻撃的な言動・行動のありようへの人びとの関心を喚起し、起きている諸現象を注視するとともに、一つひとつのケースに即してその類似性と相違点についての検討を行うことは、一定「有効である」といえる。

ただ、本稿冒頭でも述べたとおり、社会現象として「学校ハラスメント」に注目し、人びとの関心を喚起する立場からの議論の「後」には、本稿が試みたように、現場実践者の立場からその現象の何に注目し、具体的にどのような対応を行って未然防止や再発防止、あるいは発生時の対応に努めていくのかという議論が続かなければならない。

また、たとえば未然防止や再発防止の取り組みが、具体的に学校生活でさまざまな困難に直面する子どもや教職員の暮らしをどのように緩和していくのか。また、発生時の対応のあり方によって、深刻ないじめ被害にあった子どもと周囲の人びと（その中には加害に及んだ子どもや当該の学校の教職員も含む）との関係がどのように改善されていくのか。このような課題が、実際に学校で日々過ごしている子どもや教職員にとっては、自らの暮らしや教育実践に直結する分、きわめて重要である。したがって、社会現象として「学校ハラスメント」に対する関心が喚起されればされるほど、その「後」に続くかたちで、現場実践者に向けての議論がより活性化されていかなければならないのである。

そして、本稿では1990年代の子どもの権利論の動向や川西オンブズの取り組み、あるいはいじめ問題に関する先行研究などを適宜参照したが、子どもの権利擁護の視点に立った現場実践者向けの議論は、すでにいくつか出そろっている。また、本稿では詳しく展開することができなかったが、「人と環境の相互作用」に注目しつつ「人権と社会的公正」の実現を目指すスクール（学校）ソーシャルワークの理論・実践が、子どもの権利擁護の視点に立ったいじめの重大事態への対応にあたっても適宜、参照されてしかるべきであろう(18)。

（1）この点については、和久田学『学校を変えるいじめの科学』（日本評論社、2019年）の「第1章「いじめをキーワードで定義する―『いじめ』と『いじり』を切り離す」を参照。
（2）前出『学校を変えるいじめの科学』36頁。
（3）前出『学校を変えるいじめの科学』36頁。
（4）森田洋司『いじめとは何か』中公新書、2010年、99頁。
（5）この点については、中井久夫「いじめの政治学」『アリアドネからの糸』（みすず書房、1997年）を参照。
（6）前出『いじめとは何か』の「第4章　内からの歯止め、外からの歯止め」131〜133頁を参照。

（7）1980年代以降近年に至るまでのいじめ防止策の動向については、住友剛「『生徒指導施策』から見た日本の公教育―近年のいじめ・不登校対応を例として」公教育計画学会編『公教育計画学会年報6』八月書館、2015年を参照。

（8）「指導死」については、大貫隆志編著『「指導死」』（高文研、2013年）を参照。なお、私はこの本に、「問われているのは『指導』であって、子どもではない」という一文を寄稿している。

（9）日本弁護士連合会編『いじめ問題ハンドブック　学校に子どもの人権を』こうち書房、1995年、81頁。

（10）兵庫県川西市の子どもの人権オンブズパーソン制度については、次の文献などを参照。ちなみに私は1999年4月〜2001年8月の間、発足間もないこの制度のもとで、調査相談専門員の職に就いていた。住友剛『はい、子どもの人権オンブズパーソンです　兵庫県川西市の試みから』解放出版社、2001年。桜井智恵子『子どもの声を社会へ　子どもオンブズの挑戦』岩波新書、2012年。

（11）兵庫県川西市以外の自治体での子どもの相談・救済機関の設置の動向等については、下記の文献を参照。荒牧重人・吉永省三・吉田恒雄・半田勝久編『子ども支援の相談・救済　子どもが安心して相談できる仕組みと活動』日本評論社、2008年。荒牧重人・半田勝久・吉永省三編『子どもの相談・救済と子ども支援』日本評論社、2016年。

（12）ここでいう「個別救済」の取り組みについては、前出『子どもの声を社会へ』の「第二章　関係に働きかける―関係再生職人チームの仕事」を参照。

（13）前出『子どもの声を社会へ』84頁。また「制度改善の取り組み全般については、同書の「第三章　社会に働きかける―個別救済を社会へつなぐ」を参照。

(14) 前出『子どもの声を社会へ』123頁。
(15) 前出『いじめ問題ハンドブック』91頁。
(16) このことについては、荻上チキ『いじめを生む教室　子どもを守るために知っておきたいデータと知識』PHP新書、2018年を参照。
(17) 本稿で紹介した調査委員会や弁護士会、ソーシャルワーカーの団体等へレクチャーで語ってきた内容については、下記の文献でも触れているので、そちらも参照してほしい。住友剛『新しい学校事故・事件学』子どもの風出版会、2017年。住友剛「ハの字の両側を見つめる学校事故・事件学（第3回）『調査委員会』関係者に伝えておきたいこと」『季刊教育法』第196号、2018年。住友剛「ハの字の両側を見つめる学校事故・事件学（第4回・最終回）『訴訟以外』のところにも課題がたくさん詰まっているのでは？」『季刊教育法』第197号、2018年。
(18) たとえばスクール（学校）ソーシャルワークの理論・実践としていじめの重大事態への対応を論じた文献として、次のものがある。本稿では十分に内容を紹介することができなかったが、今後は適宜、参照していただきたい。後掲の文献を読むと、本稿で触れた子どもの権利擁護の視点からの取り組みとの共通点などに気づかれることがあると思う。山下英三郎『いじめ・損なわれた関係を築きなおす　修復的対話というアプローチ』学苑社、2010年。日本スクールソーシャルワーク協会編『子どもにえらばれるためのスクールソーシャルワーク』学苑社、2016年。鈴木庸裕・佐々木千里・住友剛編著『子どもへの気づきがつなぐ「チーム学校」　スクールソーシャルワークの視点から』かもがわ出版、2016年。

娘を自死で失ったものとして

葛岡　道男
葛岡　睦

私たちが娘を自死で失ったことにより、いじめ問題に関わり、通常安全な学校という環境のなかで、一体何があったのか、どうしてこんなことになってしまったのかを明らかにしたいと願い、学校及び教職員、加害者に対する調査を依頼し、そこで経験したこと、考えたことを記述いたします。

1　娘が亡くなってから

私たちの娘は平成27（2015）年9月18日に学校内で自死しました。

当日娘は、通常帰宅する時間に帰宅せず、私たちは、警察に捜索願を提出し、警察は捜索を開始し、翌19日未明に通学する高校内で遺体で発見されました。身元確認で学校を訪れた際にいじめがあったのではないかとの見解を教頭に伝えました。

当時は、娘がどうして自死を選んだのか知りたい一心で、自死後数日内に、県教育委員会及び学校に対し要望書を提出しました。内容は、①自死の原因にいじめがあったのではないか、②いじめの認識はあったのか、③学校の管理体制はどうなっているのか、④不登校であった時期の教員の対応は適切であったのか、⑤不登校時及び自死の件に関する県教育委員会への報告及び対応はあったのか、⑥再発防止策はどのように対応していくのか、それぞれ調査してほしいというものでした。当時、私たちはいじめ防止対策推進法（以下、「推進法」）の存在を知らず、上記のことについて学校から正式な回答を引き出す手段として要望書を提出しました。

推進法で、いじめに関する疑いがあった場合、その設置者または学校が、組織を設け調査しなければならないという規定があることを知ったのは、県教育委員会から、私たちの要望書の受領と、第三者委員会設置の報告を受けた時でした。自死当日いじめがあったのではないかという学校への発言と要望書を提出したことにより、推進法28条による県教育委員会による第三者委員会（以下、「第1次調査」）が発足しました。

第1次調査は平成27（2015）年9月から開始され、翌年2月18日に報告書がまとめられました。その内容は、いじめはあったと認めましたが、いじめと自死との関係については、自死の原因がいじめだけとは考えられず、成績不振及び学校内や部活動での交友関係、いじめの時期と自死の時期が離れていることを理由に「本件において、いじめと自死との間に直接の因果関係を認定するまでには至りませんでした」というものでした。

2　第1次調査を受けて

私たちは、第1次調査の報告を受け、いじめと自死との因果関係が認められなかった調査報告書の結論とそのような結論を導き出した調査手法に疑問を感じ、知事部局の第三者委員会（以下、「再調査」）の開催を要望しました。

また、再調査を要望するにあたり、弁護士に代理人をお願いしようと考えました。それは、私たちの思いはどうしたら委員会に伝わるのか、私たちの考えていることが行政手法的にあっているのか、正当な要求なのかなど、私たちだけで委員会と向き合うことに限界を感じており、壁にぶつかっていたからです。そして、知人を通じて紹介してもらった弁護士に私たちの思いを代弁してくれる代理人をお願いすることになりました。弁護士に代理人をお願いすることにより、感情的な伝え方ではなく、より論理的に委員会に対応できたと思います。

再調査は、委員会開催が知事の判断になるため、積極的に再調査を開始してもらえるよう、再調査の要望書を県知事宛に提出しました。そのなかで、要望理由を、①精神医学の観点からの分析をしてほしいこと、②パワハラ的要素からの分析も併せて実施してほしいこと、③加害者のいじめ行為をいかに止められたかの検証をしてほしいこと、④学校の推進法に基づく運営を検証してほしいこと、⑤いじめが発生した時期の被害者の状況だけでなく、いじめが行われる前の人物像との比較で、被害者の人物評価を行っていじめの現象を検証してほしいこと、⑥委員の人選について、第1次調査の委員会を否定する訳ではなく再度中立公正な調査を進めてもらうため、県内外の専門有識者から選定し、全国域の組織への推薦依頼の形式で行われること、を要望しました。

そして、再調査は平成28（2016）年4月に開始しました。委員の選定にあたっては私たちの要望どおり臨時委員2人（弁護士、医師）が加わりました。委員に医師が加わったことにより、医学的見地からも調査が行われたと思います。

そして、再調査の報告書は、平成29（2017）年3月28日に県知事あて答申されました。

再調査の報告書では、第1次調査の報告書の概要と遺族の意見の併記そして、知事諮問の内容を記し、事実関係の検証を行った後、いじめがあったと認め、「本件をいじめ防止の観点、教育学・社会学的観点から厳しい目で見れば、Bさんのいじめ及び本校の不適切対応とAさんの自死との間には、因果関係があると判断すべきと考えます」という結果になり、いじめと自死との因果関係のみならず学校の不適切対応も関係すると認められました。

このように第1次調査と再調査では、いじめと自死の関係の評価が大きく異なるものとなりました。

3　2度の調査を経験して感じたこと

前述したように、再調査の際に、6つの要望理由の検討にあたっては、①私たちの意見聴取を行ってほしいこと、②委員会の審議過程を開示してほしいこと、を要望しました。

第1次調査の際には、私たちは正式な意見陳述を行うことはできませんでした。委員会の中立性を保つため委員との接触を認められず、委員長の訪問が行われただけでした。推進法及び関連通知等では、被害者及び親の意見聴取、公平の確保のため複数での聞き取りなどを定めています。

それが実施されなかったのです。

また、アンケート調査を実施したこと、教員の聞き取りを行ったことなどを聞くことはできましたが、どのような資料をもとに、どのような議論がなされたのかを知ることはできませんでした。報告書を読んでも、委員会としてどのような議論が行われたかがわかる内容ではありませんでした。聞き取りやアンケートの回答をもとに事象の記載はあったものの、それぞれその評価がなされず、最終的に複数の悩みとの並列で、自死との因果関係を認めなかったのです。

そのような経験をもとに私たちは、再調査では、委員会での発言を希望し、時系列的に再度整理したものを共通の資料として、起こった事象に対する私たちの解釈を伝えました。また、それまでに発表されたさまざまな論文や学説の提示も行うことができました。このことが、委員の判断にどのような影響を与えたかはわかりませんが、私たちとしては、想いを伝えることができた満足感を得ることができました。

また、中間報告及び報告書のまとめの段階での委員会における意見聴取や、論点審議の経過などの通知を受けたことにより、委員会審議を信頼することができました。私たちの要望が全て採用されたわけではありませんが、採用されない理由も提示され、納得することができました。こうした手続きが実行されたことには代理人の存在が大きかったと思います。とかく感情的な表現になってしまう私たちに替わり、要望することの重要性や正当性を代理人が重く伝えてもらった結果だと思います。

4　いじめと重大事態の因果関係

第三者委員会の報告書は、いじめ防止対策推進法により開催された調査委員会により出された報告書であるので、いじめの認定及びいじめと自死との関係については、重く評価してほしいと思います。各地の報告書や自死について研究する論文では、自死の原因を複合的な要因を理由として結論を出しているところが多く見受けられます。自死は多くの理由が重なって引き起こされるものかもしれませんが、いじめにより受けた精神的肉体的苦痛により他の事象がおこり、それによって自死に至る場合は、原因はいじめにあると思います。いじめについて研究する多くの論文では自死といじめの関係を裏付けるものもあります。第三者委員会は積極的にいじめを重大事態発生の原因として評価し、いじめ被害者の心理を考慮した結論を出してほしいと思います。

私たちの場合も、第1次調査においていじめが自死の原因とされなかった一つに、いじめを受けた時期と自死の時期が離れていたことがあげられましたが、いじめにより精神的に苦痛を受け、それが継続的に蓄積し心身の状態が追い込まれ、孤立感、絶望感、無価値感をもたらし、何らかの少しのきっかけで娘は自死を選んだと思います。水を入れた風船を針でつつく場合を考えれば、どれくらい水を入れたか（いじめにより数々の苦痛を与えられたこと）が重要であって、針でつつく行為（自死を引き起こしたきっかけ）が重要ではないと考えます。膨らんだ水風船は少しの刺激で割れてしまいます。

また、「因果関係」には、①原因と結果、不法行為の根拠の意味がありますが、②不法行為の意味を大きく捉え、因果関係を認めることは不法行為の処罰に該当すると考える多くの専門家がいると感じました。私たちは、第三者委員会の報告書では①原因と結果という意味合いで因果関係を認め、起こった事案を世に問うことがいじめを防止することにつながり、その後の対策を推進することに寄与すると考えます。

5　学校の対応の評価

児童生徒のいじめの問題の多くは、学校という環境の中で発生しています。私たちの再調査報告書でも学校の不適切な対応が自死に繋がったと明言されました。私たちも、加害者のBへの憎しみが多くありましたが、その行為を見過ごし、止められなかった教職員の対応といじめの認識の希薄さ、推進法に基づく学校運営の体制がとられていなかったことにも憤りを感じました。学校の対応は、第三者委員会の調査によって明らかになったもので、第1次調査でも指摘され、さらに再調査の報告では「本校の不適切対応とAさんの自死との間には、因果関係があると判断すべきと考えます」として、厳しく指摘されました。このことは、当時のいじめの報告書では、かなり踏み込んだものと思われますが、このような事実を各学校・教職員が、この事案を例として共有し、推進法の基本理念に基づいた学校運営を行うことを願います。

6 調査報告書の最大の活用

そもそも、第三者委員会の報告書は、誰のものなのでしょうか。推進法では、「当該重大事態と同種の事態の発生の防止に資するため」に調査すること、「調査を行ったときは、当該調査に係るいじめを受けた児童等及びその保護者に対し、当該調査に係る重大事態の事実関係等その他の必要な情報を適切に提供するものとする」とされています。幸いにして私たちは、報告書全文を手にすることができましたが、ややもすると、遺族である親でさえも、個人情報保護の名のもとに、報告書もマスキング版しか手にすることができないこともあります。どのようなことがおこっていたのか、なぜ自分の子供が死ななければならなかったのか知りたいと思う遺族に対して全文の開示は必須であると考えます。

また、報告書はいじめ防止のために作成されるもので、親など遺族だけのものでなく、答申を受けた教育委員会は、報告書を十分に活用しなければならないと考えます。第三者委員会の専門性を備えた委員の方々が検証した時系列に基づいた各事象の検討の記述部分が、最大の予防活動の指針となるはずです。

知事は、結果を議会に報告することが推進法には明記されていますが、報告書の全文の公開の規定はありません。事実、報告書の概要版が作成され、事実の認定と、提言部分が報告されただけでした。また、教育委員会が、報告書の提言部分を実行するかどうかは教育長の判断となるのです。

再調査の報告書では、総括として11項目の提言が行われました。それは、（1）いじめの定義に関する正しい理解を全教職員で共有すること、（2）いじめかどうかを即断せず、いじめの疑いがあればいじめ防止措置をとること、（3）生徒同士の関係が改善されたように見えても、継続的かつ慎重な見守りを行うこと、（4）いじめ防止対策推進法、国及び県の基本方針、学校基本方針に基づいた対応を徹底すること、（5）職員の情報共有を徹底し、保護者への情報提供を適切に行うこと、（6）いじめ又は生徒間のトラブルに関する情報を記録化し、活用方法を検討すること、（7）生徒の自主性の名のもとに学校が取るべき対応を怠らないこと、（8）重大事態発生後に適切な情報提供を行うこと、（9）教育委員会から各学校への適切な指導を行うこと、（10）インターネットを通じた誹謗中傷、プライバシー侵害の阻止のための体制を整えること、そして11項目めで、（11）本調査報告書を県内の全教職員に理解させ、十分に活用すること、（1～10の解説文省略）としました。

第11項の解説文には「当委員会は、学校において、本件事件のようなことは二度と起こしてはならないと考えます。そして、Aさんの尊厳を回復し、本件のような重大事態の再発を防止するためには、教職員らが本調査報告書を読み、それぞれの時点、それぞれの立場から、どのようなことができたのか、どのようなことをすべきだったのかを具体的に思案し、各人が本件事件から教訓を得ることが最も効果的だと考えます。そして、調査報告書の活用方法は種々ありますが、本調査報告書の抜粋や要約を用いたのでは、本件事件から得られる教訓が半減してしまう恐れがあります。従って、県教育委員会及び県知事は、その責任と権限において、個人情報及びプライバシーの取り扱いには十分に配慮したうえで、本調査報告書を県内の全教職員に一度は読ませて研修を行い、現在のいじめ防止対策が十分であるかどうかを徹底的に検討し、再発防止のための方策を実施しなければならないと考えます」と、報告書の活用を促してくれました。

私たちは、再調査委員会の報告書案の作成にあたり、意見陳述することができました。その時に、上記第11項の内容（報告書全文の活用）について想いを切に伝え、報告書を知事へ提出する際には、私たちの意見書として付すか、提言に加えてもらうことをお願しました。再調査委員会は、私たちの想いも汲み取り、報告書全文を用いたいじめ防止の対策推進を図るように促してくれたのです。

しかし県教育委員会は、当初、議会に報告された概要版を用いて県立学校にて研修会を実施しました。私たちは概要版では不十分であると思い、県内すべての教職員に、調査報告書全文を配布してくれるよう求めました。その結果報告書は、県立学校へは配布されたものの、小中学校等へは直接配布されず、市町村教育委員会への配布で終わっています。各市町村教育委員会の対応はまちまちで、管内小中学校へ配布しているところもあれば、そうでないところもあると聞きます。さらに、配布を受けた各学校の報告書の扱いはさまざまで、積極的に教職員に報告書を読むよう指導する学校もあれば、報告書を読むことを教職員独自の判断に任せる学校もあるようです。また、教職員に報告書の存在を知らせない学校もあったと聞きます。市町村教育委員会あるいは学校長の権限で県教育委員会の意向が伝わらないことがあることを痛感しました。教育委員会や学校長の権限の独立性のもとに、報告書の扱いがまちまちなのは各教育委員会及び学校長のいじめ防止対策に対する認識の違いからおこるものと思いますが、報告書の記載内容は日常の活動にとって有意義な事例なので、ぜひ報告書全文を活用してほしいと思います。

再調査委員会では「県内の全教職員に一度は読ませて研修を行う」よう提言しています。その提言が履行されることを願います。

7　親として考えること

私たちが最終的に感じることは、娘の自死を防げなかったことへの後悔です。親にも責任があると思っています。

娘が自死したあと、専門家の方の話を多く聞きました。いろいろな論文や本も読みました。娘がどのような心理状態で自死を選んだのかを、推測ですが知ることができました。

例えば、いじめのような耐えがたい心の痛みの故に、その痛みから逃れるために正常な判断を行うことができない状態で自死を選ぶことがある。また、いじめを受けた経験と自死のリスクには密接な関係がある。居場所がないという心理状態に陥っていくと、現実には多くの救いの手がさしのべられているにもかかわらず自分の殻に閉じこもってしまうこと、などです。

実際、娘は中学校時代の友人などと毎日のように連絡を取っていましたし、自死の1か月前には高校時代の友人と旅行にも行っています。しかし、自死後に知ったことですが、その間もツイッターの裏アカウントで「死にたい」とつぶやいていました。そういったことをあわせて考えると、いじめにより引き起こされる精神状態の知識を親も持ったほうがよいと思います。危険な状態にいることを理解していれば何か打つ手があったのではないだろうか、と感じています。娘が自死しようとしている危険な状態にあるとは思っていませんでした。

次に、学校との関係においてですが、欠席が数日続いたころに、娘から上級生からつらくあたられていると聞きました。詳しい内容について娘は一切語りませんでした。また、娘は学校には言わないでくれと1年生の時に言っていましたので、私たちは学校に言いませんでした。しかし、学校には言わないでほしいと言われても学校には情報を入れておいたほうがよかったのではないだろうかと後悔しています。

一方、1年次の担任から連絡が来たのは欠席が続いて何日も経ってからで、これ以上欠席すると進級できませんという事務的なものだけでした。2年次の担任は部活動を休部するなどの相談にのっていたようですが、そうした相談をしていることについて、担任から連絡はありませんでした。

また、自死のあとに、カウンセリングを受けていたことを知りました。そうした事実が学校から知らされることはありませんでした。具体的な内容は別としても、学校から連絡があってしかるべきだったのではないかと思います。カウンセラーには守秘義務があると思いますが、危機的状況であると感じたら親との情報共有も必要であったのではないでしょうか。学校と親と生徒当人とが情報を共有して問題の解決を図ることが重要だと思います。

相談を受けたカウンセラーや教職員が個人で判断するのではなく、組織としての学校、親などが共同して問題を解決しようとする体制を構築することが重要だと思います。

第2部

調査を支援に生かすために

鈴木　庸裕

いじめをめぐる調査活動の役割と課題

1 「起こってしまうまで何もできない」のだろうか

(1) いじめ問題の「3ない」バイアス

いじめ問題には、「言わない、言えない、言わせない」という3つの「ない」の足かせがあるように思います。

自死事案が起こった時、亡くなった子どもの保護者から、はじめは同級生のことを気遣って「大事(おおごと)にしないでほしい」という言葉が出ることがあります。気が動転してその気持ちを落ち着けようとするなかで、他の級友や教職員に配慮して気丈でいようとする保護者もいます。しかし、日がたつと「なぜ」という現実的な問いに変わってきます。極端な言い方をすれば、1日おきに気持ちがゆれ動き、そのゆれが数か月も数年も続く。その一方で、その言葉の苦しみと真意によりそえず、弔問もなくなる頃には、学校は「保護者の心情には立ち入れない」として、学校内には「何もなかったかのような空気」が流れ、目に見える動きがなくなっていくことがあります。

さらに、学校関係者のなかには、亡くなった子どもより、周囲の児童生徒の動揺や傷つきを2次被害と呼んで、そちらに目を向けてしまうことがあります。いじめの問題は同じ教室や学校内にいる加害者への気遣いがあるために、学級全体で話題にはせず、個別に話をするような会話形態になってしまい、解決を子どもたちの生活の場で扱う機会が失われてしまうことがあります。そのため、「言わない、言えない」バイアスが残ったままになり、さらにはその行為を子どもたちに是として教えてしまうことにもなります。当事者抜きの論議を背景に、いじめ問題への教師の介入（コントロール）を強めることで、「クラス全員のことを考えて」という発想に解消されたり、合理化されてしまいます。

学校では、いじめ問題に限らず学校事故やトラブルをめぐっても、今もって「謝ったら認めたことになる」という発想から抜け出ていません。「うちの子はいじめで不登校になった。学校で担任は何をしていたのか」という保護者に対して、「もうその時の担任は転勤しました。事情のわかる教師がいない」「担任も家庭訪問をし、いじめた疑いのある生徒に注意や指導をしていました」と、自らの一生懸命さを訴えることがあります。これは、「安全配慮義務違反」という用語が、謝罪すると教職員の「違反＝罰則」を想起させてきたことによります。「過失」や「脱漏」など、なんとも教育の場にはそぐわない用語があふれつつあります。

「先生はこれまで何をしてきたのか」という発言が、モンスター扱いされるようでは残念です。相手に不快な思いを持たせたことには、すぐに陳謝があってよいのではないでしょうか。そして、「不登校の原因やいじめの認定については私たちの手で改めて調査をさせてほしい。いついつまで待ってほしい。その上で調査計画を立てて、要望に対応します」などとしっかりと表明できる。「毅然とした対応」とはそういうものであり、クレームや無理難題を受け付けないという意味ではありません。「紛争解決の役割は教師の職務に持ち合わせていない」という対応を勧める専門家の説明には納得のいかないところです。

（2） 事後対応のまずさは密室からはじまる

「即座に加害者の登校を禁止します」と、加害生徒を出校停止や謹慎にしたとしても、被害生徒が登校できるとは限りません。日が経つと、加害生徒の保護者からは「いつまで学校に行けないのか」という異議が出てきます。「学校で顔を合わせることはしないから」と、できもしない約束を校長が安易にしてしまい、結果としてそれが反古にされ、保護者との感情のもつれを生じさせてしまう。事後対応のまずさは、「校長室から始まる」といわれるのもうなずけます。校長室という密室で、「何とかします」という学校の言い分をいったんは受け入れた保護者が退出した後、「あの子にも問題があるんだよね」という声が職員室から漏れ聞こえてきたとき、保護者はいったいどう感じるでしょうか。

「3ない」バイアスは、いじめによる重大事態について「なかったことであってほしい」という気持ちによるものです。30年近く続く「いじめ撲滅論」は、いじめ問題の「3ない」を促進し、いじめを私事（自己責任）として扱われやすくさせてきました。「3ない」は当事者の時間を止めるだけで、解決には結びつきません。

実際に、いじめ問題の調査活動から表面化してくることがあります。例えば、一年前に靴を隠されたり、ノートを破られたりした後、加害者を注意して双方に仲直りさせたが、加害者は仲直りに納得しておらず、ツイッターで「そんな気はなかった」と書き、そのことが周囲の生徒から被害者へまわりまわって伝わり、被害者の保護者からの異議申し立てによって重大事態となる。教師の手による「喧嘩両成敗的解決法」にも密室性があります。

近年の報道を見ても、いじめ事案の発生後、相当の日時が空いてから、ようやく第三者委員会が立ち上がるケースが少なくありません。立ち上げに至る前に、学校と家庭との対話や要望で折り合いがつかなかったり、教育委員会が設置した委員の選出に異議申し立てがあり再選任に時間がかかるなど、いろいろな理由が考えられます。もしかすると「加害者は部活の有力選手なのか」「加害の子どもの保護者に教育関係者がいるのか」などのリアルな推論も、学校社会の現実として「3ないバイアス」にかかります。

(3)「3ある運動」への転換

「言わない、言えない、言わせない」というバイアスは、子どもや大人、教師や保護者、関係者を問わず、だれに対しても同様に、あってはならないものや存在してはならないものを見ようとしない姿勢や構えを作り出します。そして、いじめという「あってはならないこと」に関与している「自分」を消し去ろうとします。今後は「3ない」から「3ある」への転換が大切です。

1980年代初頭、高校生のバイクの規制をめぐって「免許を取らない」「乗らない」「買わない」という3ない運動がありました。当時の全国高等学校ＰＴＡ連合会が宣言したものです。しかし、２０１２年の同連合会大会から、この文言がなくなり、自転車や歩行者である立場も含めた交通マナーアップ運動に衣替えして、「3ない運動」は事実上なくなりました。いじめ問題においても、子どもたちにＳＯＳが出せる力を育てるための「3ある運動」への転換が可能だと思います。いじめ防止対策推進法が「3ある運動」の引き金になるためには何が必要なのか。「〇〇しない」から「〇〇しよう」に転じていくために必要なのは想像力を高めることです。しかし、推進法には弱点があります。それは、いじめ撲滅やいじめの未然予防という大人のつくりだしたものだからです。

2　自己責任に求めない視点

(1)「いじめられる側にも問題がある」を乗り越えて

被害者の親が学校へ相談に行くと、「おたくの子どもさんにも……」「いじめられる側にも問題や落ち度がある」というように、いじめられた子ども本人の特性に話が及ぶことがあります。いじめを被害者の特性に短絡的につなげるような理解は、専門職、非専門職にかかわらず存在します。「いびり」「いじり」を受けやすい子どもはいます。「いじられキャラ」という言葉もあります。しかし、それでいじめが許されるものではありません。子どもの性格や行為の特徴が、いじめ被害につながる理由はどこにもないのです。

昨日まで加害者であった子どもが、今日は被害者になることもあります。そのとき、教師から「昨日までのことをまず反省しなさい」と言われがちですが、訴えの事実と昨日までの事実を切り離し、今日は今日のこととして確かめることが大切です。いじめをめぐる意見と事実は区別しなければなりません。精神科医や心理士が被害者（あるいは加害者）に対して発達障害（特性）を理由に、いじめる側（あるいはいじめられる側）の行為を相殺することもあります。白か黒か、事実の積み上げに関心が向くこともあります。いずれも今後の子どもや学校への支援に利する提案の原点にはなりにくいものだと思います。

司法としては事実の積み上げから考えるため、昨日の加害と今日の被害とを分けてしまいますが、毎日かかわりを持つ教師の判断や指導的視点を遮断してしまっては、「学校でのいじめ防止対策」との間に溝ができてしまいます。専門職が作った加害ー被害の溝を埋めるのは教師です。そうであるがゆえに、学校教育の現場での司法介入について熟考が欠かせません。いじめ防止対策でいう「対策」という言葉は、子どもの行動・生活・認識自体を「対策」の対象とします。「対策」の対象は、周囲の大人、専門職に向けられるべきものです。あくまでも子どもは教育と保護、救済の対象です。子ども本人に責任を帰すことは誤りといえます。

(2)「元気な様子でした」と言われるが

重大事態が起こったとき、誰もが何もしてこなかったわけではありません。「誰のために」という視点が欠如し、本人のニーズに則さず空回りしていた、といえるでしょう。

その子の欠席が増えると、担任は自宅に電話をかけ、本人と保護者に連絡を取り、その後に学校で面談を行い、その様子を学年主任や学年会に報告する、というルーティンがあります。その際、自宅への電話連絡も、気遣いが先行して、本人の体調不良のことが中心となり、一歩踏み込んだ情報収集に至らないことがあります。本人の「元気な姿」と接していた学校は、「欠席の多い子ども」という認識に止まることがあります。欠席がちであっても学校に来て「普通に過ごしている」姿や保護者からの「体調不良」といった表現に依存して、自ら別の角度から確認したり、他の教師に問いかけてみたり、といった行為が希薄になる。ここに大きな課題があります。誰しも「大丈夫ですか」と聞かれたら、「大丈夫です」と応えるのは当然です。保護者からの「体調不良」の言質があっても、欠席回数から見て、「体調不良」が主訴ではなく別の現実が隠れているのではないかという認識が学校には求められます。

こうした感性を高めるうえで、情報共有という言葉は曲者です。他者に意見を求める行為が抜けてしまいます。「欠席が多くても断続的で、欠席が継続しないからよいのでは」という情報は、主訴を見失うきっかけになります。「学校では元気にしていた」という子ども像がよく語られますが、他の同僚教師や保護者に意見を求めるなど、主訴を検討するプロセスが脱漏しています。

(3) いじめは閉じた空間が生み出す孤立

いじめについては、子ども集団に固有な精神構造にも着目しなければなりません。学級や部活、通学班など、さまざまな集団のなかでの個人のポジションから影響を受けています。単に多数派と少数派という二項的現象だけではありません。たとえ多数派にいる加害者でも、個人としてはその集団の中で疎外されていることもあります。

部活の先輩が後輩につらく当たり、その後輩を自殺に追い込んだとします。何十名も同じ中学出身者がいる高校で、同じ中学出身者が誰もいない者同士が加害・被害の関係となり、ともに少数派であったという事例。ともに孤立し、排除される側にあったのかもしれません。いじめは「一対一」や「一対複数」といった見え方をしないという特徴があります。生徒集団において暴力を伴わないいじめ(心理的な圧迫など)の問題もあります。伝統のある学校行事や部活などで、先輩から代々引き継がれる習慣や、優勝・入賞の記録、地域性といった構造的な要因も考えられます。また、3年生の引退直後という時期が、部活でのいじめの重篤化の発端になる場合もあります。指導力がまだ十分ではない2年生は、つい下級生にきびしく接してしまいます。部活の成績至上主義は、構造的な暴力や排除、そして孤立を生み出します。そして、先に述べた「3ない」を呼び込み、いじめへの凶器となります。

3　学校における調査活動が学校を変える
―調査委員会の現状と課題―

(1) いじめ対策委員会に欠かせない調査と支援

いじめ防止対策推進法（平成25年法律第71号）は、一般にいじめ問題対策連絡協議会（第14条第1項）、いじめ問題対策委員会（第14条第3項）、いじめ問題調査委員会（第30条第2項）の3つの組織の設置を自治体に対して求めています。個々の学校におけるいじめ対策委員会の常設も同様です。法によって求められているという表現では、「努力義務」のレベルで理解されたり、あるいは、それぞれの自治体（教育委員会）の都合が優先されて理解されたりすることがあります。しかし、法の設置からの年月と社会への浸透を誠実に考えれば、すでにそれは「設置義務である」と理解して行動すべき時代です。

いじめ対策連絡協議会は、学識経験者や警察、法務局、児童相談所、子育て、学校関係者、PTAなどで構成され、教育委員会主催のもと、年に1～2回程度、情報、意見、要望の交換や個々の立場での取り組みを報告しあうものです。そのため、機関連携や決議決定といった内容には立ち入りません。しかし、こうした幅広い関係者が参集する意味はあります。いじめは小学校から始まるのではなく、幼稚園や保育所など子どもが集団生活をはじめる時期から考えていかねばなりません。子どもたちがたくさん集まる機会も、スポーツ少年団や地域の子ども会行事、さらには学童保育や放課後等デイサービスなどというように増えていますから、いじめ問題を意識的に認識し、それを共有する大切な場になります。

いじめ問題対策委員会については、「対策」と明記することに意味があります。全国の自治体の中には、この第14条3項の対策委員会を「調査委員会」と呼称し、30条2項の調査委員会を「再調査委員会」と呼称する自治体が少なからずあります。調査＝第三者委員会という呼称の響きが関係者を萎縮させ、調査へのイメージを狭隘化させます。教育委員会の附属機関であるこの委員会が、もっぱら調査・検証を主務とするようでは、当事者である学校教職員や子どもや家庭（家族）への専門的な支援が滞ってしまいます。対策委員会は調査・検証・評価だけを取り扱うものとされ、重大事態が起こらないと招集されることもなく、年に1回行われるいじめ・不登校の状況報告会議になっていたりします。組織面でも、重大事態と判断されたときに、いじめ対策連絡協議会として招集した委員の中から調査委員を抜き出して専門会議の実務に当たらせようとしている自治体もあります。これでは、利益相反への配慮や中立性なども設置者側の独善で構想され、当事者である被害関係者や学校・教職員がおいてけぼりにされます。この構図が遺族の悩みや怒りに寄り添いきれず、保護者の信頼を損なう起点となり、結果として裁判や個別提訴といった別の行動に至らしめた事例も少なくないでしょう。

それでは、こうした事態を教育的に転換するにはどうすればよいのか。その1つが、各自治体の「いじめ防止基本指針」のいじめ問題対策委員会の役割の見直しです。被害者家族への継続的な支援、学校・教育委員会と遺族との関係調整、代弁・代理の機能を軸にして、子どもたちや保護者、学校関係者に遅滞なく「必要な支援・指示を行う」ことを明記し、それを学校教育活動に向けて発信する。ゆえに、調査報告書の提出はあくまで1つの過程です。その後も継続的な支援を行い対話者として存続するかどうかは、個別係争への進展の有無と相関関係を持つと思います。いじめの定義の見直しの必要性ともかかわりますが、教育活動や指導・援助のための調査とは何か。分析や検証とケアとの両立を可能にする調査の組織的立て付けをどう考えるのか。教育的社会的課題であるいじめ問題を法的責任と混同することがないようにしなければならないと思います。

また、いじめ問題対策委員会への臨時委員の配置を、条文に明記することが大切です。実際に調査が始まると人手がかかります。関係者からの聞き取りや文字起こし、報告書（起案書）作成など、作成協力者が臨時委員としてあがります。しかし、臨時委員はこうした調査する側の労力からだけではなく、重大事態を申し立てた側や調査を要望する側の意向や意志の選択権にも反映します。例えば、第三者性や調査活動の補強だけでなく、遺族が推薦あるいは希望する委員の選出枠をあらかじめ想定しておくことです。遺族の推薦者を入れるかどうかで時間を費やし、異議申し立てで不適切とされ慌てて委員を再選出しているようでは、ただ主観的にいじめ問題への取り組みを実施していることが露呈します。事前に選出・設置していた委員が、例えば、自分の教え子がいる、知り合いがいる、医師や弁護士が卒業生であるなど、選出に問題が生ずるケースも少なくありません。学識経験者枠に入りやすい教育学部の教員は、地域の教員養成を担っていることから、卒業生が学校現場に多くいます。現実問題として、委員の選出が困難な自治体や地域もあります。その際、遺族へ誠実に委員のありようを説明し、事前に了解を得ておくことで選出は可能になります。すでに遺族選出の委員が委員会に就任することが前提となっています。

(2)「事実に向き合いたい」という願いに応える

調査・検証にあたる委員会の設置目的には、大きく次の3点があります。

第1に、被害者や遺族の「事実に向き合いたい」という願いに応えるため。第2に、関係する生徒や保護者，教職員の「事実に向き合いたい」という願いに応えるため。第3に、今後の学校・家庭・地域（関係機関を含む）におけるいじめや自殺の再発防止のためです。

さらに、調査報告書については、いじめによる自死事案を例にとると、(1) 自死した生徒の尊厳と「思い」に根ざすこと、(2) 遺族や関係の深い生徒や教職員、他の生徒の保護者などの心情を大切にすること、(3) 自死の背景にある事実の確認、(4)「いじめ」の存否の分析や「いじめ」が認められた場合の自死との因果関係をめぐる分析、(5) いじめ予防や自殺予防を含む教育経営や学年・学級経営、生徒指導・教育相談のあり方と関係者個々人ならびに組織的な行為行動の検証、(6) この事案に関わる再発防止の諸実践や生徒指導、家庭や地域の相談機関などの課題と提言、についてとりまとめることにあります。

教育委員会からの諮問には、「自殺に至る事実の確認」と「自殺といじめの因果関係について」意見を求めるとされます。しかし、先にも述べたように、「意見を求められている」だけでなく、報告の提言が学校現場での特段の取り組みと結びつかないようでは、報告書提出も無意味であるという認識が必要になります。

「いじめの防止等のための基本的な方針」（平成25年10月11日文部科学大臣決定）は、「児童生徒や保護者からいじめられて重大事態に至ったという申立てがあったときは、その時点で学校が『いじめの結果ではない』あるいは『重大事態とはいえない』と考えたとしても、重大事態が発生したものとして報告・調査等に当たる」ものと述べています。「いじめがあったかどうか」というじめの有無によって加害者の特定（悪者探し）が行われることは、法をめぐる正しい理解ではありません。学校や地域（関係機関）、保護者、教育行政、報道機関がこれまでの姿勢やあり方を見直し、それぞれにしっかりと「出来事と事実の間」に立ち、我が身を振り返り、再発防止に向け積極的に関与することを促す。これがいじめ防止対策推進法の「推進法」たる所以だと思います。

それでは、いったい何を推進するのか。それは、学校現場での適切な組織と具体的な対応の推進です。平成18年度、文科省はいじめの定義をさらに実行性のある営みに結びつけるために、「いじめ認知を活かした早期対応」やその際の「組織的対応」の遵守と具体化を強く提起しました。

これまでよく見聞きされた「本人の申し出がないのでいじめとは考えなかった」「複数のものが特定のものを無視する」というような見方を「表面的・形式的なもの」とし、さらにその後、いじめ防止対策推進法第28条が示す「児童等の生命、心身又は財産に重大な被害が生じた疑いがあると認めるとき」（第1号重大事態）、「相当の期間学校を欠席することを余儀なくされている疑いがあると認めるとき」（第2号重大事態）とし、いじめられた児童生徒の立場になって行うことを明言しました。個の悩みや痛み、辛さに軽重はありません。自尊心もあって、被害者はいじめを受けているとはなかなか申し出ないものです。被害者の立場に寄り添うことで、当事者が苦痛と感じることや周囲に居合わせた人びとが当事者の苦痛を感じとったことも、いじめ認知の要件になります。

（3）調査活動を通じて学校の主体性をいかに活かし高めるか

調査活動は、基本調査と詳細調査とで構成されます。

基本調査は、重大事案について事案発生（認知）後すみやかに着手し、公表・非公表にかかわらず学校がその時点で持っている情報などを迅速に整備し検討します。基本調査の主体は当該の学校であり、教育委員会（学校設置者）の指導助言のもと亡くなった子どもと関係の深かった子どもや教職員からの聴き取り調査、事件前の自死生徒への指導記録や保護者との関わりなどの記録整理を適切に実施します。

詳細調査は、特別な事情がない限り、教育、心理、福祉、司法などの外部専門家が参画する調査組織により実施されます。より詳細な調査や事実関係の確認、自死に至る過程を丁寧に探り、状況を解明することによって、再発防止策を打ち立てる指針づくりをめざします。調査対象になるのは、調査前から面識があったり基本調査に関わりを持った者すべてです。加えて自殺に至る過程やその検証には高い専門性が求められます。専門職にとって公平性や中立性は専門性のひとつです。学校から提示された記録や資料の第一次読解と意見交換、その時点での不足（未収）資料の洗い出し、調査方法の概要（調査対象・調査手法）の策定、入手した記録や資料の保管などの取り扱い方法、今後の情報提供や開示のあり方なども、この調査の中で討議します。

詳細調査を担う委員会に欠かせないのは、調査を通じて学校の主体性をどう活かし高めていけるか、という基本姿勢です。委員会は何のためにつくられたのか。それは、真実を知りたいという保護者や当該学校の生徒・保護者、教職員の願いのためです。そこでは学校の「安全義務違反」をめぐる「犯人捜し」のトーンを持たず、周囲にも持たせず、いじめ防止対策推進法が求める調査の目的、組織、手続き、方法、公表のあり方に客観的に準拠し、教委や学校の現状や力量、考え方に左右されず、「最善」を尽くす意欲と主体性が求められます。

教育委員会事務局は、調査委員会の構築（委員の選定、教委の附属機関化への準備、調査委員会の設置要綱）、事務局内の分担（調査担当、支援担当、渉外等担当の分別）、諮問書の作成とともに、①校内委員会でできる・可能な範囲での調査・資料収集と、その資料の適切な保管・漏洩防止、②教育委員会事務局が学校と協力して実施する漏れのない調査と資料保存、など、校内委員会と行う基本調査の時点で、遺族への聴き取り、同級生への聴き取り、当該学校の教職員への聴き取りも含め、遺族と学校のパイプ役を務めます。

多くの場合、学校支援には「緊急カウンセラー派遣を○回行う」というものが多く見られますが、スクールソーシャルワーカーが支援に参加し、包括的な支援の組織化を図り、生徒や職員への直接的ケアや遺族への支援（四十九日、命日など「喪に服す」諸行事への出席やフラットな話し相手になること、諸連絡をとること）を具体的に可視化し、長期的な点検やチェックの項目を挿入することは、きわめて有効な手立てになります。その際、学校運営や学年・学級経営、校内のいじめ対策委員会をはじめ、関係する校内の諸委員会において、どのような教育活動が進められているのかを、遺族や在校生・教職員・地域などに示していくことは、遺族の希望になります。

事実確認や検証内容に関わる事案は第三者委員会で取り扱いますが、調査への協力だけでなく、学校のいじめ対策委員会の活動や部活動運営、いじめや自殺予防に向けた取り組みなど、生徒アンケート調査や教職員調査をふまえ、さらに今回の事件をもとにして何が話しあわれ、具体的に何が実行され、その結果はどうだったのかについて、広く関係者に公表・提示を行うこと。学校の指導・管理にあたる教育委員会が、現時点でのさらなる取り組みを周知徹底し、調査活動の進捗とは別に積極的に関係者に寄り添う対応を先行することが大切になります。

(4)「あなたは調査対象者ではなく、私たちの調査協力者です」

あなたは調査対象者ではなく、私たちの調査協力者です。

これは、聴き取り調査にあたる際の調査者側のひとつのスタンスを示したものです。教育現場の生徒や教員に寄り添い、その言葉に傾聴すること。自死事案の場合、亡くなった生徒がなぜ自死を選んだのか（生徒の視点）を忘れないこと。学校を信頼しわが子を託してきた学校で、何があったのかを知りたいという願い（遺族の視点）に応えることです。これは、自死の背景要因・因果関係に、「強く」関与していると推定される人びと（生徒・教員・保護者等）の視点をしっかり受け止めることにほかなりません。

何度も同様なことを聞かれる辛さを理解し、事前アンケートの書面を提示したり、聞き取り内容を整理して書面を添えたり、可能な限り不安の解消を図ることです。いかに調査者の聞き取りに応じてもらえるか、本音で語ってもらえるか、それぞれの心情を受け止め、追求ではなく事実の調査をめざすことです。

マスコミや世間の流言、教師や子どもの調査への不信感や警戒感を払拭することにも心がけます。面接のはじめには、「マスコミや、言われなき心無い流言からあなたを守るため」の聞き取りであること。なによりも「あなたは調査対象者ではなく、私たちの調査協力者です」という姿勢を伝えることが大切です。

聞き取り対象の体調不良など、面接ができない場合や面接をしない場合も想定するなど、聞き取り調査の承諾や拒否についても入念な準備が欠かせません。子どもたちや教師、保護者が何を感じ、何を考えたのか。求めがあれば、いじめ問題や自殺をいかに防止・予防していけるのかを、可能な限り語り合うことにも努めていくことです。

4 加害・被害に及ぶ子どもを生み出す社会構造を変える

(1)「チームとしての学校」と専門職の育成

いじめは発見や確認が難しい、まさしく構造的なもの（可視化しにくいもの）です。ゆえに教育や心理、司法、福祉などの多面的な視点をもってはじめて「見立て」（アセスメント）が可能になります。調査委員個々の専門的な援助技法や理論による討議も大切ですが、組織的対応におけるポイントは、さまざまな専門職を束ねるコーディネーターの存在とその役割です。

「いじめ防止基本方針」はスクールカウンセラーとスクールソーシャルワーカーの活用を明記していますが、基本調査や校内での初期対応では、その活用のあり方について教育現場からの十分な理解と承認を得なければなりません。同時に、スクールカウンセラーやスクールソーシャルワーカーにも基盤となる行動指針づくりや相互の協働が求められます。

文部科学省中央教育審議会答申（2015年12月）のいう「チーム学校論」は、校内における専門職の参画と分業をイメージさせるものでした。「分業」は、個別的な対処や目の前の問題解決的な取り組みに止まりがちであり、教師の多忙化解消を目的に生徒指導の分業が生まれてしまっては、子どもたちと教師との「信頼関係」が弱まります。

学校の中で、教育職、心理職、福祉職が協業できる力量を相互に高めていかなければ、いじめ問題と向き合うことはできません。さらに、専門職であれば、教育行政の答申や通知などを鵜呑みにせず、批判的に検討し、必要な是正を提案することも、専門性のひとつであると言えるでしょう。

(2) 風通しのよい教師集団づくりとその支援

学校の組織風土として、子どもの学校生活を話し合う実質的中軸となる組織が学年会です。学年会と生徒指導・教育相談などの委員会とでは、学年会の決定が先行することがあります。調査では、学年会をはじめとする学校の組織風土や同僚性などへのアセスメントが欠かせません。

たとえば、高等学校のような後期中等教育は単位制であり、授業への出欠に重きが置かれるシステムです。「欠課時数」が重要な話題になると教科担当者に単位認定権があり、学年会における生徒の出欠問題への関心は、単位認定に偏りがちになります。近年、校内に「いじめ対策委員会」が設置されてきていますが、学年会のありようによっては、いじめ認知に関する組織的主体になりにくいことがあります。その場合、外部の目を活かしたいじめ対策委員会などに、学年会などを経ずに意見の申し立てができるシステムづくりの議論と実行が課題になります。その際、スクールカウンセラーやスクールソーシャルワーカーの意見や提案を侮らないことです。重要な情報をキャッチするべき組織がありながら、生徒指導部など公的な組織との関係を十分に議論できず、カウンセラーのつくりあげてきた相談支援体制が学年会や関係運営組織、学校管理者に浸透していないことがよくあります。

こうしたゆるやかで柔軟な相談・情報交換の場が相談の窓口づくりとなり、子どもを救済する入口として機能していくことは、同時に、悩みを持つ教職員の救いの場にもなります。全校的ないじめ防止対策（自殺防止を含む）の取り組みが、教師間や教師と生徒間の「風通しのよさ」をつくることができれば、すべての学校教育活動に波及していくのではないでしょうか。

(3) 学校から教育委員会や家庭への報告をめぐって

学校には、教育委員会に「児童・生徒異動」を定期的に報告する義務があります。「異動」とは退学や転学、転校などと長期欠席や休学などです。長期欠席には「年度初めから累計で30日以上になる児童生徒を記載する」という規定があります。ちなみに長期欠席や休学に至ったきっかけを示す項目があり、「学校生活に起因」の区分では「友人関係をめぐる問題」「教師との関係をめぐる問題」「学業不振」「部活動等への不適応」などと、そのほかに「家庭生活に起因」や「本人の問題に起因」「上記の区分以外」があります。また「長期欠席や休学が続いている理由」に関する項目の中には「学校生活に起因する型」（いやがらせをする生徒の存在や教師との人間関係等、明らかにそれと理解できる学校生活上の原因から登校せず、その原因を除去することが指導の中心と考えられる型）や「不安など情緒混乱の型」（登校の意志はあるが身体の不調を訴えて登校できない、漠然とした不安を訴えて登校しないなど不安を中心とした情緒的な混乱によって登校しない型）があります。「年度初めから累計で30日以上になる児童生徒」という規定は、「30日」という数値がそれまでの教師の気づきや行動にマイナスの影響を与えていることは少なからずあります。

そのこと以上に、この30日間、生徒や保護者がどのような辛い思いや人に言えない経験をしているのか。このことをぼやかしてきたものは何であるのかを究明することも、校内のいじめ対策委員会の役割ではないかと思います。教師や大人が主導になりますが、学校には児童会や生徒会や関連する子どもたちの委員会などもあります。教職員や学校設置者にその解決を帰するだけでなく、子どもの組織や学級会などにおける自治的主体的活動とともに醸成していく必要があります。

また、教育委員会への報告義務は同時に、保護者への報告義務として考えることも大切になると考えられます。いじめ防止対策や自殺予防対策に向けて、保護者等からさらなる工夫や協力を生み出すことになると思われます。調査に関わる委員会には、学校のみならず、保護者や子どもたちの目線にも届く報告書作成が求められると思います。

（4）地域や児童相談所などの外部機関との連携・協働

保護者はもとより、地域の関係機関や専門組織職との連携も、学校には欠かせません。「いじめの防止等に関する措置を実効的に行うため、当該学校の複数の教職員、心理、福祉等に関する専門的な知識を有する者その他の関係者により構成されるいじめの防止等の対策のための組織を置く」（第22条）。これは、専門家が学校を外部から支援したり補佐したりすることだけではありません。それぞれの専門職自身も、主体的にこの法律の実効性の担い手となることを喚起しています。

個別のいじめに対して学校が講ずべき措置には、①いじめの事実確認、②いじめを受けた児童生徒又はその保護者への支援、③いじめを行った児童生徒に対する指導又はその保護者への助言・指導などがあります。その後、進学や社会に出ると学校での役割は地域にバトンタッチされます。地域社会が受け皿になります。その意味でも地域の関係機関の役割は大きいと言えます。そのことを調査の段階から関係委員が自覚し、調査を離れても、各自の団体組織に持ち帰られるとよいと思います。

先に述べたいじめ問題連絡協議会の構成員も、いじめ防止や自殺予防に関する地域の相談・支援機関の担い手になります。地区の医療機関の少なさやそのあり方など、学校として外部の相談機関との連携をどの程度持ちえているのかも考えていかねばなりません。義務教育段階を過ぎ高校生になり、さらに卒業後、相談機関が急激に減少することは教育職のみならず心理職や福祉職からも指摘されています。高校生・青年期という、保護者はもとより他者への相談が困難になる時期に、誰からもＳＯＳが出しやすい、相談したくなる窓口や相談機関であることを意識して、日々の業務に従事することが求められます。

学校と保護者、地域関係機関との連携、つまり、周囲の大人がしっかりとつながり合っていることが、子どもや若者の最善の利益になるという面を具現化することが、いじめ防止対策推進の趣旨ではないかと考えます。

倉持　惠

第三者委員会の役割と被害者支援

はじめに——「いじめ防止対策推進法」は活かされているか

いじめ防止対策推進法（以下、「推進法」）が施行されてから6年が経ちました。この間、いじめに対する取り組みは強化され、現場での意識もだいぶ変わってきたように感じます。また、推進法28条1項又は同法30条2項に基づき、いわゆる第三者委員会（以下、双方をあわせて単に「第三者委員会」）が設置されるケースも増え、推進法制定前に比べると原因究明などがより積極的になされるようになったと感じます。

一方で、推進法の理念に基づく適切な対応がなされず、いじめを受けた児童生徒やその保護者（以下、「被害児童生徒・保護者」）に対し、大きな不信感を与えたり、そのために調査のやり直しが必要になったりするケースもいまだ数多くあります。このような事態に対処するため、平成29（2017）年3月、文部科学省から「いじめの重大事態の調査に関するガイドライン」（以下、「ガイドライン」）が発表されました。しかしながら、今なお、推進法やガイドラインの趣旨が理解されず、不十分又は不適切な対応となって、被害児童生徒・保護者に不信感を与えてしまっているケースも少なくありません。

推進法によれば、第三者委員会による調査は、①当該事態へ対処、及び、②再発防止という2つの目的のためになされるものとされています。このうち、当該事態への対処というのは、いじめを受けた児童生徒のための対処です。この中には、被害児童生徒・保護者の知りたいという気持ちに応えることも含まれると理解されています。ガイドラインにおいても、調査における基本姿勢として、「いじめを受けた児童生徒やその保護者のいじめの事実関係を明らかにしたい、何があったのかを知りたいという切実な思いを理解し、対応に当たること」ということが冒頭で明記されています。このように、第三者委員会の役割というのは、単に事実関係を明らかにして、再発防止策を提言するということだけではありません。法令の趣旨に基づけば、同時に、現に生じている被害の回復も含めた被害児童生徒・保護者のための対処を図っていくことも重要な役割なのです。このような役割が適切に果たされると被害児童生徒・保護者へのエンパワメントとなり、被害回復にも繋がっていきます。しかし、トラブルになっているケースでは、こういった視点が欠落したまま調査が進められてしまっているケースが多いように感じます。

ここでは、実際の事例を参考にしながら、当該事態への対処という観点から見たとき、第三者委員会での調査はどうあるべきかということを中心に説明していきたいと思います（なお、個人情報保護のため、事実関係は一部改変しております）。

1　A子さんのケース

A子さんは、地元の公立高校に通っていました。高校1年生のとき、部活動の先輩からいじめを受けるようになり、部活や学校を休みがちになりました。A子さんは1年生の途中から、心療内科に通院するようにもなっていました。2年生に進学したころには、A子さんに対するいじめを見るに見かねた友人らが先生に相談したこともありましたが、A子さん自身が「いじめられている」と言わなかったことなどから学校では「いじめ」として扱いませんでした。その後、A子さんは部活動を一時休部しました。A子さんが休部している間、いじめていた先輩が部活動を引退しました。そのため学校は、A子さんが部活に復帰するに際して見守りを行いませんでした。A子さんは部活動に復帰後、まもなくして学校内で自ら命を絶ってしまいました。

本件においては、A子さんが亡くなった後、教育委員会の下に、第三者委員会が設置され、調査が開始されました（以下、「一次調査」）。同委員会では全校生徒に対するアンケートや部活動内の生徒に対する聴き取りなどかなり大がかりな調査が実施され、そのうえで、100ページ近くにも及ぶ大部な報告書がまとめられました。同報告書では、A子さんに対するいじめは認められたものの、いじめと自死との間の直接の因果関係は認めるには至らなかったとされました。

A子さんのご両親は、その報告書の内容に納得できないとして、推進法30条2項による再調査（以下、「再調査」）を求めました。この再調査の段階から弁護士が代理人として関わるようになりました。再調査では、学校の先生に対する聴き取りなど一部追加調査は実施されましたが、多くの資料は一次調査で集められたものでした。それらの資料を基に、今度は150ページにも及ぶ報告書がまとめられました。再調査の報告書では、A子さんに対するいじめを認め、かつ、いじめと自死との因果関係についても、本件をいじめ防止の観点等から厳しい目で見れば因果関係があると判断すべきとしました。さらに、それだけでなく、学校の不適切対応とA子さんの自死との間にも同様に因果関係を認めました。ご両親は、再調査について、肯定的に評価し、現時点では本件に関し、訴訟は提起されていません。

A子さんのケースでは、最終的にいじめがあったこと、いじめと自死との間の因果関係が認められていることから、この結果が、ご両親の評価に影響していることは否めません。しかし、第三者委員会の報告書において、一見、被害児童生徒・保護者に有利な結論が出たように見える場合であっても、被害児童生徒・保護者がさらなる調査を求めるなど調査結果に不満を抱いているように感じられるケースは存在しています。このようなことを考えると、報告書の結論だけが被害児童生徒・保護者の納得についての決定的な要素でないことも明らかです。それでは、いったいどのような対応が被害児童生徒・保護者に不満や不信を与える原因となるのでしょうか。そもそも第三者委員会での手続において被害児童生徒・保護者の納得を求めるのはなぜなのでしょうか。そして、それらを踏まえたあるべき手続の姿とはどういったものなのでしょうか。

2 被害児童生徒・保護者に接する際の基本的な心がまえ

第三者委員会の手続を始める大前提として、第三者委員会委員やその担当事務局は、被害児童生徒・保護者との関係は、ゼロからではなくマイナスからのスタートであるとの心持ちをもって接すべきです。

第三者委員会が立ち上がるようなケースでは、いじめの内容や程度にかかわらず、被害児童生徒・保護者の側は、学校に対し、強い不信感を抱いていることがほとんどです。そして、その不信感は学校だけにとどまらず、学校を設置する地方公共団体や法人全体、ひいてはそれらが主体となって設置する第三者委員会にまで広がっていることは決して少なくありません。私は、いじめの相談にいらっしゃった方に対し、第三者委員会の制度を説明することもありますが、それに対して、「学校側」が設置するものだから信用できないとして抵抗感を示す方も少なくありません。

しかし、第三者委員会の委員の中には、そういった事情を全く理解していないのではないかと思われるような方も見受けられます。自分は学校や設置主体とは無関係な中立公正な立場であり、だからこそ「第三者」委員会と呼ばれるのだから、まさか、自分までも学校や設置主体と同じように見られているはずがないと思っているのかもしれません。しかし、第三者委員会での調査にまで至るケースでは、被害児童生徒・保護者は、本来最も安全なはずの学校で、安全が守られなかったという体験をしています。そのような体験は、「誰を信用したらよいのかわからない」「誰も信じられない」という極度の人間不信を引き起こすことがあるのです。

したがって、被害児童生徒・保護者に接する基本的な心がまえとしては「第三者委員会だからといって信頼されているとは限らない」「今後の手続での、誠実な対応を経て、一つひとつ信用・

信頼を築き上げていく」というものでなければなりません。

3　被害児童生徒・保護者に対する説明のあり方

(1) 被害児童生徒・保護者に説明を尽くすということの意味

そもそも、被害児童生徒・保護者の知りたいという気持ちに応えることが、なぜ当該事態への対処の一環となりうるのでしょうか。

先にも述べましたが、いじめの重大事態とは、本来最も安全なはずの学校で、安全が守られなかったという体験をするということです。それは「安全」に対する感覚が足元から崩れ落ちるようなものです。何が安全なのか、誰が安全なのか、どこが安全なのか、わからなくなってしまう人も少なくありません。しかも、本人自身そのことを自覚できず、極端な人間不信として行動にだけ現れて他人から敬遠され、被害回復からより遠ざかってしまう人もたくさんいます。

したがって、本当の意味での被害回復といえるためには、単にいじめ行為が止むだけでは不十分です。いじめによって壊されてしまった被害児童生徒・保護者の「安全」に対する感覚が取り戻されることも必要です。そのためには、まず「どのようないじめがあったのか」「なぜ、そのようないじめが起きたのか」ということを知る必要があります。それを知ることが、「次は起きない」「もう大丈夫」ということを確信するための前提となるからです。

加えて、その調査過程において今後の見通しなども含めた適切な説明が尽くされることは、他人に対する信頼を回復する効果を有します。「言われたとおりになった」「約束が果たされた」という経験が一度は壊れた「安全」に対する感覚を作り直していくからです。

このような観点から、私は、被害児童生徒・保護者の知りたいという気持ちに応えることと手続を通して適切な説明を尽くしていくということは被害回復に過程における車の両輪のような関係にあり、いずれも非常に重要なことだと考えています。

(2) 調査主体・人選の説明

第三者委員会を組織する構成員は誰なのか。どのような肩書きを有した人たちなのか。どのような経緯で選任された人なのか。これらの情報は、第三者委員会側が思っている以上に、被害児童生徒・保護者にとっては重要な情報です。なぜなら、先にも述べたとおり、いじめの重大事態が発生した時点で、多くの保護者は学校やそれを設置する主体ひいては第三者委員会に対しても、強い不信感を抱いていることが多いからです。そのため、第三者委員会での調査が決定したら真っ先に調査主体やその選任経緯などについて丁寧な説明をすることが大切です。

その際、被害児童生徒・保護者が構成員の中立性や公平性、専門性などに疑問を抱いた場合、意見を述べることができるのか、追加や変更を申し出ることができるのか、といった内容についても説明を尽くすことが、その後の信頼関係構築において重要です。

本件では、再調査が決まったときには、条例に基づき、あらかじめ複数の委員が選任されていました。ご両親は、委員のプロフィールを教えてほしいと求めましたが、第三者委員会の連絡担当となった職員からご両親にその情報が伝えられたのは、初回委員会開催後でした。第三者委員会を設置する側にしてみれば、単に内部手続の関係でそのタイミングになったというだけのことかもしれません。しかし、このような対応は、当事者に対し「何か隠したい情報があるから時間がかかったのではないか」という不信感を与えてしまいます。

さらに、本件では、再調査の委員はいずれも県内の団体等に所属する方々でした。一次調査の委員も同様に県内の団体等に所属する方で構成されていたため、ご両親は、このような構成メンバーでは一次調査の結果に反するような調査・報告はしにくいのではないかと懸念しました。しかし、担当職員からは委員の変更や追加が可能かどうかということについての説明はありませんでした。ご両親は、自力で臨時委員が選任可能であることを発見し、既存の委員に加えて県外から委員を追加選任することを求めましたが、これについても明確な回答がないまま，初回委員会が開催されてしまいました。

本件では、結果的に、初回委員会において、委員からも臨時委員を追加すべきとの意見があり、実質的な調査・検討は追加委員の選任後から始まったため、調査主体・人選についてご両親の不信感がそれ以上大きくなることはありませんでした。しかし、本件のような対応は、その後の調査全般において、被害児童生徒・保護者の不信につながりかねないものです。調査の出だしから信頼関係を失ってしまうことがないよう、特にこの調査主体・人選に関する説明においては丁寧さを意識することが大事です。

（3）全体スケジュールの説明

調査を開始する時期や調査結果が出るまでに要する期間なども当事者にとっては重要な情報です。ガイドラインでも「被害児童生徒・保護者に対して、調査を開始する時期や調査結果が出るまでにどのくらいの期間が必要となるのかについて、目途を示すこと」とされています。

ただ、ここで重要なのは、単に始まりと終わりの時期さえ示せばそれでよいというわけではないということです。被害児童生徒・保護者の中には、後述する調査事項や調査対象などについて意見を有していながらも、第三者委員会が設置された当初の時期には「今はとてもそんなことを考える余裕がない」という方もたくさんいます。または、今は情報がなく、何を言ったらよいかわからないという場合もあります。被害児童生徒・保護者が第三者委員会に意見を伝えたいと思った場合、いつまでに言えばよいのか、どのタイミングを超えたら意見の反映が難しくなるのか、そういった情報も可能な限り提供していくことが重要です。

もっとも、このような情報は、第三者委員会が立ち上がった当初には、具体的に明示することは難しい場合もあるでしょう。この点、ガイドラインでは「調査の進捗状況について、定期的に及び適時のタイミングで経過報告を行う」こととなっています。定期的な報告のタイミングでより具体的な内容に情報をアップデートして逐次伝えていくことが大切です。

(4) 調査事項・調査対象についての説明と意見聴取

いじめの事実関係をどこまで調査するのか、いじめに至った背景事情を調査するのか、自死との関係でいじめ以外の要因の調査を行うのかといった調査事項に関する説明、及び、誰に聞き取るのかといった調査対象に関する説明は、調査主体やスケジュールの説明にも増して極めて重要です。先述した通り、第三者委員会が立ち上がるようなケースでは、既にその段階で被害児童生徒・保護者は強い不信感を抱いているケースが多くあります。「第三者委員会といえども本当にちゃんと調査してくれるのか」といった疑問は多くの被害児童生徒・保護者が抱いています。そういった疑問を払拭するためにも、事前にこの点についての説明が尽くされることは極めて重要です。

また、ガイドラインでは「その際、被害児童生徒・保護者が調査を求める事項等を詳しく聞き取ること」とされています。被害児童生徒・保護者の意見を聴取することも同じく重要なのです。

もっとも、ここで問題なのはそのタイミングです。調査事項・調査対象に関する意見聴取も、全体スケジュール等とあわせて、調査の初期段階でなされることが多いと思います。しかし、先にも述べたとおり、この段階で意見を求められても被害児童生徒・保護者の側では回答が難しいことがあります。特に、自死のケースでは、同級生などからの情報で「いじめがあったようだ」

という抽象的なレベルで被害児童生徒の保護者がいじめの存在を確信していることはあっても、何が重要な情報なのか、誰に対して、何を調べてもらえばよいのかわからないということもよくあります。しかし、調査が進み、第三者委員会から経過報告等がなされるにつれて、「そのことについては、あの子が知っているはずだから是非聞いてほしい」とか、「それに関連する資料を持っているから目を通してほしい」などと具体的な要望が出てきます。

ところが、そのように具体的な要望が出てきた段階での再度の意思確認はあまり実施されていないように感じます。被害児童生徒・保護者に具体的要望が生まれたにもかかわらず、この確認が全くなされないまま報告書が完成してしまい、報告書に対する不満や不信となってしまっているように感じられるケースがけっこうあるのです。

また、一般的な感覚からすると、もし、何か意見が生じたのであれば、相手から伝えてくるはずだと思いがちですが、意見があるからといって、必ずしも自発的に上がってくるものとは限りません。手続がわからず、「また聞いてくれるだろう」と期待して待っていたら結論が先に出てしまったとか、そもそも第三者委員会への要望をどのように伝えたらよいかわからなかったということもあるのです。

本件の場合、一次調査ではご両親は調査事項や調査対象について、具体的な要望をきちんと伝えることができませんでした。調査経過の中で、たびたび委員長の訪問があり、ご両親はご自身の気持ちは伝えていたので、きちんと議論され、調査がされているだろうと思っていました。一方、ご両親が委員長に伝えた内容が正式な要望として委員会に伝えられたのか否か、伝えられたとしたらそのことについてどのような議論がされたのかということはご両親には説明がありませんでした。そのような状況で報告書が完成してしまいました。調査結果の報告を受けて、ご両親は、結論もさることながら、その理由として記載された事実にも、真実とは全く異なると感じる箇所を何点も見つけました。そして、「私たちが委員長に伝えたことは委員会にはちゃんと伝わっていなかったのではないか」「ちゃんと聞いてくれたら、この点に関しては、あの子に聞いてもらえればわかると情報提供できたのに。私たちだって資料を提供できたのに」との思いを強めていきました。そのような思いが再調査への要望につながったことは言うまでもありません。

したがって、私は、1回だけ意見を聞いたらそれで終わりとするのではなく、調査経過で中間報告をする際にも重ねて意見を聞くことがとても重要であると思っています。

(5) アンケート方法についての説明と意見聴取

調査において実施するアンケートの様式、聴き取りの方法、手順についての説明も調査事項及び調査対象についての説明と同様に重要です。また、アンケート方法について、保護者の意見を聴取すべきであることも同様です。これらのことも、ガイドラインにしっかり明記されています。

（6）調査結果の提供についての説明

いじめ防止対策推進法では、第三者委員会が調査を実施したときには、その調査結果を被害児童生徒・保護者に提供しなければならないとされています。そして、同法に基づき制定された「いじめの防止等のための基本的な方針」（平成29年3月14日最終改訂。以下、「基本方針」）では、「学校の設置者又は学校は、いじめを受けた児童生徒やその保護者に対して、事実関係等その他の必要な情報を提供する責任を有することを踏まえ、調査により明らかになった事実関係（いじめ行為がいつ、誰から行われ、どのような態様であったか、学校がどのように対応したか）について、いじめを受けた児童生徒やその保護者に対して説明する」「いたずらに個人情報保護を盾に説明を怠るようなことがあってはならない」とされています。

このような法令等の定めを踏まえ、調査の過程において把握した情報も含め、どのような内容を、どのような方法で、どのタイミングで提供するのか、について、あらかじめ被害児童生徒・保護者に説明を行うことが重要です。

この関係でいまだに問題となるのがアンケート結果の提供についてです。この点、基本方針では、「質問紙調査の実施により得られたアンケートについては、いじめられた児童生徒又はその保護者に提供する場合があることを予め念頭におき、調査に先立ち、その旨を調査対象となる在校生やその保護者に説明する等の措置が必要であることに留意する」とし、アンケート結果については、被害児童生徒・保護者に提供すべきものであることを前提としています。また、ガイドラインにおいても「アンケートで得られた情報の提供は、個人名や筆跡等の個人が識別できる情報を保護する（例えば、個人名は伏せ、筆跡はタイピングし直すなど）等の配慮の上で行う方法を採ること、又は一定の条件の下で調査票の原本を情報提供する方法を採ることを、予め説明すること」として、アンケート結果を提供することが前提とされています。

しかし、実際にはこのアンケート結果の開示がスムーズになされていないケースが多いのです。本件でも、アンケート結果の開示には紆余曲折がありました。ご両親は当初、一次調査の事務担当であった教育委員会職員にアンケート結果の提供を求めました。すると、当該職員からは、自治体の制定する情報公開条例の手続にのっとり、必要書類を作成して窓口に提出するよう求めました。ご両親は指示通りに情報公開手続にのっとり、アンケート結果の開示を請求しましたが、開示されたものは回答部分がすべて黒塗りされたもので不開示と変わらないものでした。その後、再調査が始まったため、再調査の手続においてもアンケート結果を開示するよう求めましたが同一の地方公共団体として一度ほぼ不開示の決定をしてしまっている以上、覆すことは難しいとの回答でなかなか開示が得られませんでした。代理人が交渉を重ね、回答が変わらないのであればいよいよ訴訟提起するしかないというところまでいって、ようやく個人名は伏せ、筆跡はタイピングしなおすという形での開示が決定しました。

一次調査で認定された事実関係の中に、真実と異なるのではないかと感じる点があったからこそ再調査に踏み切ったにもかかわらず、その重要な資料であるアンケート結果が示されないのでは、再調査に対する信頼も大きく揺らいでしまいます。本件では結果的にアンケートは開示されることとなりましたので、このことによって信頼関係が大きく損なわれるという結果にはなりませんでしたが、アンケートが個人情報等を理由としてすべて不開示とされ、訴訟にまで至っているケースはいまだにあります。

アンケートも含め調査結果の報告は学校及びその設置主体の義務とされているのですから、この点に関する取扱いについては事前に各設置主体において、きちんと整理をしておかなければなりません。そのうえで、第三者委員会においても、いじめ防止対策推進法との関係で問題ない取扱いとなっているか検討し、説明を尽くすことが肝要です。

(7) 意見を採用しない場合の説明

被害児童生徒・保護者からの意見聴取の重要性についてはこれまで述べてきたとおりです。加えて、第三者委員会での調査が、当該事態に対処し、被害児童生徒・保護者の知りたいという気持ちに応えるという目的も有していることに鑑みれば、被害児童生徒・保護者の意見は可能な限り、反映されることが望ましいといえます。ガイドラインにおいても、「被害児童生徒・保護者から調査方法について要望があった場合は、可能な限り、調査の方法に反映すること」とされています。

しかしながら、さまざまな事情から被害児童生徒・保護者の意見を反映することができないということもあるでしょう。そのこと自体は、私はやむを得ないと思います。ただ、問題なのはそのことについて十分な説明をしていないケースが案外多いということです。

被害児童生徒・保護者が第三者委員会に対し、強い不満や不信感を持ってしまった事例を見ると、この点についての説明を全く行っていないケースが見られます。または、一応説明がなされていても「必要がないと判断した」などの極めて簡単な一言で済まされているケースも見られます。

先に述べたとおり、制度の目的には、被害児童生徒・保護者側の「知りたいという気持ちに応える」ということも含まれます。被害児童生徒・保護者の求める調査を実施しないのであれば、「なぜ、この調査は行わないのか」という点について、十分な説明を尽くす必要があります。

本件の再調査においては、ご両親はさまざまな事項について書面でとりまとめ、要望を出しました。もちろん、そのすべてが採用されたわけではありません。希望がかなわなかったものもありました。しかし、要望に対しては、基本的に第三者委員会において検討がなされ、その結果については、理由とともに説明がありました。すべての説明に心からの納得ができたわけではありませんが、このような対応がなされたことによって、自分たちの要望がきちんと検討されているということがご両親にも伝わりました。そのことが、真摯に対応してもらっているという信頼感につながっていくことは間違いありません。

4　被害児童生徒・保護者の手続への参加

ここまでは、第三者委員会が主体となって、被害児童生徒・保護者に説明をする、意見を聴くということを中心に説明をしてきました。このような対応の下では、被害児童生徒・保護者は、あくまで手続の客体でしかありません。

しかし、いじめという被害からの回復という観点から考えたとき、私はそこからさらにもう一歩進んで、被害児童生徒・保護者が手続に主体的に参加していくという視点も重要であると考えています。

なぜ、このようなことを提案するかといえば、手続に主体的に参加していくことがいじめで傷ついた自尊心や自己肯定感を回復することにつながると考えるからです。

いじめは、被害児童生徒の自尊心や自己肯定感を破壊すると言われています。自尊心や自己肯定感が破壊されるとネガティブな思考に陥りやすくなり、その後の人生に大きな影響を与え、また精神疾患の発病リスクも高まると言われています。そのため、いじめで破壊された自尊心や自己肯定感を回復させることは非常に重要なことです。それでは、子どもの自己肯定感を回復させるためには、どうしたらよいのでしょうか。実は、子どもが自己肯定感を養うためのもっとも優れたマニュアルは子どもの権利条約であるといわれています。

子どもの権利条約とは、日本も批准している条約の一つですが、この条約で一番重要なポイントは、子どもを権利の主体として捉えるという視点です。「権利の主体として捉える」というのは、子ども自身にも意思や考えがあって、さまざまな権利を子どもが自分で考えて使うことができるということです。もっとも、子どもは、知識も経験も未熟ですから、単独では適切に権利行使できない場合もあります。そういった際には、子どもの主体的な権利行使を、大人、特に親がサポートしましょうというのが子どもの権利条約の考え方なのです。

そして、この子どもの権利条約の中に書かれている重要な権利の一つに意見表明権というものがあります。これは、子ども自身に関することは、子どもにも意見を述べ、考慮してもらう権利があり、その手続には子どもも参加できるようにしなければならないというものです。このような主体的な参加を通じて、子どもは自分自身にも価値があることを体感し、または自分のことを自分で決定していくことを学び、自尊心や自己肯定感を獲得していくというふうに考えられています。

この自尊心や自己肯定感の獲得の手法は必ずしも子どもに限ったことではなく、いじめ問題の渦中に巻き込まれ、自尊心や自己肯定感を失ってしまったその保護者の回復にも同様に役立つと思われます。

以上のようなことから、私は、第三者委員会での調査手続に被害児童生徒・保護者が主体的に参加していくという観点も大切であると思っています。

本件の再調査では、委員会開催日にご両親が出席し、意見を述べる機会が与えられました。ご両親は、委員の前で、再調査を求めた自身の思いや再調査に期待することなどを直接、自分の口から説明をしました。そのような機会が、再調査のスタート段階に位置づけられたのです。報告書作成に携わる委員の顔を見て直接意見を伝えられたことはその後の調査手続における信頼にも大きく関わったと感じられました。

また、その後も報告書完成に至るまで、ご両親は、何度か意見や要望を文書にまとめて提出したり、委員会または委員会の中の分科会に出席して意見を述べたりしました。報告書に関しても、完成前に案が示され、ご両親はそれに対して意見を述べました。このように手続全般において、ご両親の側から主体的に参加し、意見を述べる機会が与えられたのです。このような手続方法がとられたことによって、第三者委員会に対する信頼感が増したことはたしかですが、効果はそれだけには止まらなかったのではないかと思います。

第三者委員会での調査手続が、被害児童生徒・保護者の納得という観点だけでなく、その先の被害回復というところまで見据えて実践されるようになれば、いじめ被害は今よりもっと小さくすることができるでしょう。そのような対応が当たり前になることを私は強く願っています。

5　第三者委員会の手続における代理人の役割

第三者委員会の調査手続に関して、被害児童生徒・保護者の代理人の果たすべき役割について私なりの考えをまとめたいと思います。

冒頭で述べたとおり、第三者委員会による調査の目的が当該事態への対処ということを含む以上、第三者委員会の手続における代理人の役割も基本的にはその目的に則したものであるべきです。具体的には、第三者委員会との間の潤滑油としての役割が期待されているというべきでしょう。

被害児童生徒・保護者は、極度の人間不信に陥っていることが多々あります。第三者委員会すら「敵」としか見えなくなっている人も少なくありません。第三者委員会の委員がこれまで述べてきたような点に配慮し、誠意を尽くして説明を繰り返しても被害児童生徒・保護者にはまったく伝わらないということがあるのです。そのような場合に被害児童生徒・保護者から信頼を受けている代理人の存在が役に立つことがあります。

たとえば、本件の一次調査においては、精神科医の資格をもった委員はおりませんでした。ご両親からすると自死に至るまでの精神医学的な観点の検討が不十分なように感じられ、再調査では、その点の調査を尽くしてほしいと考え、そのことを要望していました。しかし、再調査の連絡担当であった職員からは代理人に対し消極的な意見が伝えられました。精神医学的観点から自死の因果関係を解明しようとすると、一般には幼少期の生育環境から調査することになりかねず、そのことについてご両親の理解が得られないのではないか、という内容でした。

代理人の立場からすると第三者委員会側の懸念はもっともなものと感じられました。実際、第三者委員会において、そのような調査を実施しようとしたところ、被害児童生徒・保護者の理解が得られずトラブルになってしまったケースもあります。しかし、もし、このことが連絡担当職員から直接ご両親に伝えられていたら「調査をしたくないからそのようなことを言っているのだろう」「（そういう調査をするということは）我々を疑っているのではないか」などと不信感を増長させていた可能性は十分にあります。

しかし、本件では代理人を通じてご両親に説明を伝えることができたため、第三者委員会側の懸念は正確に理解してもらうことができました。その結果、そのような調査がなされることも十分承知した上で、真実を明らかにするためにやはり精神医学的観点からの調査検討をお願いしたいということになりました。このように代理人が適切に間に入って、第三者委員会からの説明を伝えることによって、疑心暗鬼からくる誤解や思い込みを減らすことができます。

また、逆に、代理人は、被害児童生徒・保護者の思いや意見を第三者委員会側によりわかりやすく、正確に伝えるという役割を果たすこともできます。一般に、被害児童生徒・保護者が一つの確定的な意見を持っていて、それをストレートに伝えることができるということは稀です。矛盾する思いを、同時にいくつも抱えていて、しかもその気持ちが変わっていくことが普通です。あるいは、「うまく言葉にできないけど何か納得できない」というように漠然とした思いを抱いていることもあります。思考が整理されないまま意見聴取がなされると、被害児童生徒・保護者が伝えたと思った内容と第三者委員会が聴取したと思った内容が全く違っていて、不信感につながってしまうということもあります。このような場合に、代理人が事前に思考の整理を手伝い、被害児童生徒・保護者の思いや考えを第三者委員会に正確に伝える役割を果たすこともできるのです。

代理人がこれらの役割を果たしていくことは、第三者委員会に対する信頼構築という流れを経て被害児童生徒・保護者のエンパワメントにもつながっていきます。

しかしながら、代理人が果たす役割について、このように理解されていないことがあります。代理人自身に自覚がない場合もありますが、代理人がそのような気持ちで対応を試みても、第三者委員会やその設置主体側において、代理人イコール対立・闘争と考えて余計に話がこじれてしまうケースも残念ながらあるのです。実際、本件においても、当初ご両親が「弁護士の代理人を選任しようと思っている」と第三者委員会の連絡担当職員に伝えた際、当該職員からは「調査委員にも弁護士は複数いるので代理人をつける必要はないのではないか。つけると対立関係になってしまう」などと否定的な発言をされたそうです。弁護士は必ずしも対立するためにあるのではありませんし、そうあるべきではないと私自身は考えています。もちろん、違法な対応があり、かつそれが改められなければ，結果的に対立関係になることもありますが、それは例外的なケースであるべきです。代理人も含め関係者すべてが被害児童生徒・保護者のエンパワメントのために互いを理解し、一致して協働していける関係を築いていくことが何より重要であると思います。

まとめ

第三者委員会による調査手続は、再発防止とともに当該事態への対処をも目的とするものです。そのためには被害児童生徒・保護者に代理人がついたほうが円滑な場合も多くあります。しかしながら、誰でも代理人をつけられるわけではありません。代理人制度はあくまで自費でつけるオプションですので経済的に余裕がなければつけることはできません。一方、第三者委員会は公的な制度です。いじめ重大事態が発生した場合には、誰でも平等に利用することができます。すべての被害児童生徒・保護者が、いじめによって引き起こされた辛く、苦しい状況から一日でも早く脱することができるような社会にしていくことができるかどうかは、第三者委員会及びそれを支える事務担当職員にかかっています。これからの第三者委員会がその役割や責務について正しい認識と自覚をもち、その手続がその趣旨に基づいて確実に実施されていくことを強く願っています。

岡部　睦子

調査委員会における福祉職の役割

1　どんな準備から始めたか

（1）まずは立ち位置の確認から

筆者が初めていじめの調査委員になったのは、高等学校の生徒間でのいじめ問題の調査でした。いじめの問題にスクールソーシャルワーカーという立場でかかわる過程は、個別のケースの中で、子どもにとってより良い選択肢を、子どもや保護者、先生方とともに探っていくという「支援」になります。一方、調査委員会として行うのは、事実関係から何があったのか、どのような経過でいじめが行われたのかを明らかにして、その中から再発防止策として一般化できるものを提示することです。

調査委員の推薦依頼が届いた段階では、いじめの概要については触れられておらず、「いじめ防止対策推進法」5章（第28条～33条）に基づいて重大事態発生時の対応が求められる、というぐらいしか把握できませんでした。具体的な調査がどのように行われるのか想像もつかない中で、福祉士という専門職である私が、調査委員として何を大切に活動すればいいのか、戸惑いと不安がありました。そこで、過去に行われた調査委員会の報告書などから、自分ならどうかかわることができるのかを考えたり、どのような提言をしているのかを確認したりしました。公開されている情報には限界があり、調査の過程がわかりにくい部分もありましたが、何が起こり、どのようにいじめに至ったのかという過程と、再発防止策が求められているということが理解できました。

委員の派遣依頼は所属している職能団体（社会福祉士会）あてに届きます。職能団体では、内容を吟味して会員を推薦することになりますが、委員の人選にはいくつかの最低条件がありまず。まずは、当該地域や学校との利害関係がないこと。これは調査の公平性を保つためには必須の条件でもあります。次に、委員会の開催にあたって推薦する会員の参加が可能かどうかです。調査委員会の活動は調査の進捗や各委員の都合によって日程が決まるため、不定期になることが多く、普段の業務を休むなどして対応をせざるを得ない可能性があるからです。加えて、調査委員になることについて是非の確認や、報酬の取り扱いなどについても、事前に職場の承諾を得る必要があります。仮に本人に引き受ける意思があったとしても、職場の理解なしには活動自体が難しくなるでしょう。そして、最後の条件としては、いじめや子どもの問題についての理解という資質の問題です。子どもの現状の把握には、学校や教育委員会のあり方などについての基本的な理解が必要です。それは、調査委員会の中で発言を可能にする土台です。福祉職の専門性と自身の立ち位置を、委員になった機会にしっかり振り返ることが、次の活動につながっていったように思います。

(2) 調査委員会に参加するまでの準備

ふだんの業務とはフィールドが異なるため、まずは当該地域のアセスメントから準備をはじめました。人口や主な産業、地理的な状況といった基本的な情報はもちろん、学校がその地区にいくつあって、学力はどのくらいか、過去にその地区で問題になったことなど、学校を中心とした情報は地域を理解するのに非常に重要でした。高等学校の場合なら、生徒はどこから入学してくるのか、卒業生の進路状況などを事前の情報収集で把握することで、被害・加害の生徒のみならず、周囲の生徒の情景が見えてきました。小・中学校の場合なら、地域との連携の在り方や、地域の高等学校への進学状況なども参考になります。また、多くの学校が活動状況をホームページで公開しているので、それを確認することで、大まかな地域の特徴も見えてくると思います。

子どもたちが生活をしている学校や地域では何が大切にされているのかを知ることで、どんなふうに子どもを育てたいのかという背景(=地域性)が見えてきます。問題の背景を分析する際に、子どもたちの環境を理解する必要は大きいと言えます。

(3) 福祉職がいじめの調査に携わる意味

初回の委員会の前に教育委員会等から連絡があり、詳細な書類を受け取り、そこで初めて案件の全容を把握することができました。担当者から、加害者と被害者の関係性やこれまでの経過などについて説明を受け、現状把握はできました。しかし、ここでもまだ他の委員が誰であるかも、詳細な経過についても不明な部分が多かったのです。

そこで、学校及び県のいじめ防止基本方針を読み込んで、どのような状況で調査委員会が開催されるのかを把握しました。いじめ防止基本方針の基本的な部分については同じでも、委員会の位置づけや組織は、市町村や学校によって微妙に違っていることがあります。例えば、「生徒指導委員会」にいじめの委員会を抱き合わせている学校もあれば、あらかじめ別に組織を編成して定期的に委員会を開催している学校もあります。いじめの委員会の運用の仕方ひとつとっても学校やその地域の特色・考え方の違いが見られます。

また、読み込みを進めることで、地域や学校への理解が進み、いじめ問題についての私自身の心構えができました。具体的な子どもたちの学校での生活や動きを想像することで、詳細な状況はわからなくても、学校全体の空気感や子どもたちの息づかいを感じられるようになります。そのなかで、「何をすればいいのだろう?」という不安や迷いは、「どこにアクセスしたら子どもたちのことをよく知ることができて、事実の究明に役立つのだろう」へとシフトチェンジされていきました。

福祉の専門家として、いじめを訴えた被害者や家族の心情、訴えのタイミング、学校との現在の関係性について考えを巡らせることが、その後の調査で役に立ちました。何が起こったのかという事実を追求することはもちろん大切ですが、訴えを起こした側の心情や、被害者・家族が明らかにしたいことは何かに考えを巡らせることも、自分の立ち位置を確認することにつながりました。

当事者の心情に寄り添って理解するということは、被害者・加害者のどちらかに加担するという意味ではありません。被害者・家族が訴えを起こすに至った経過を理解したり、学校という場に於いていじめに関係する児童・生徒と学校の教員がどう動いたのかをリアルに把握したりする上で、学校で仕事をする専門職という立場であるという自己認識が役に立ちました。

2　事実認定のなかで生活鑑定や生活環境への認識を多職種に伝える

(1)　初回の調査委員会で

初回のいじめの調査委員会は、今後の方針を決定する上で重要な意味があります。委員の顔合わせとしてそれぞれの専門性を確認し委員長を決定。次に、基本情報からの各委員の見立てを話し合い、今後の合議体の開催頻度やスケジュールを決めました。各委員の専門性や立場などからくる問題に対する視点の違いのすり合わせも行われました。

福祉職としては、それぞれの委員の間を取り持ち、調整をすることも求められました。各委員のモチベーションを把握・分析し、いじめの内容そのものについての意見や捉え方の違いに着目することは、その後のディスカッションでの方向性の差異を縮めるのに役立ちました。初回に形成された雰囲気は、以後の調査に踏襲されていくため、内容そのものの議論はもちろん、グループワークでいう「波長合わせの段階」と捉えて調整を行うことで、その後の円滑な議論のベースづくりを心がけました。

（2）事前の準備を活かした意見

また、早い段階から、いじめがどのようなプロセスを経てきたのかを分析し、調査委員会開催までに学校や教育委員会が家族や本人に対してどのようなスタンスで接してきたのか、その関係性を知ることにつとめました。そして、委員会では、事実経過だけではなく、いじめの被害者と加害者の関係性やその周囲の人間関係が被害者に対して与えたであろう影響について伝えることで、プロセスの中で関係性が変化してきたことが明らかにされていきました。関係性の変化や過程についてのアセスメントから、なぜいじめが起こったのかを検証できるのは、個々の生活の中からクライエントの強みやできることを活かしてより良い生活が送れるように支援を行っている福祉職の強みだと思います。関係性や過程についての分析は、他の専門職にとってもいじめの理解を深める手助けになります。

また、事前の情報収集から、いじめの関係者の家族構成や地域性、学校の状況など、児童・生徒が置かれている状況を個別に見ていくことも、なぜいじめが起こったのかを分析する上で大切にしました。公立と私立の学校の差や地域における学校の立ち位置などは、そこで学んでいる児童・生徒に少なからず影響を与えています。それは、いじめが起こった「土壌」の状態を分析することにもなります。いじめは被害者と加害者の2つの軸だけではなく、多くの児童・生徒や教員が関わりを持っています。被害者の児童・生徒を中心に多くの軸が重なり合う構造を分析していくことで、いじめの本質的な問題に多方面からアクセスしていくことができました。

もちろん、その方法について他の職種との共通理解を図るのは難しい場面もありました。弁護士は「実際に何があったのか」という事実認定という視点で考えていると感じました。事実の認定、つまり加害行為についての事実を突きつめている際に、福祉職である私が背景の説明を加えることは、加害と被害の軸がぶれることにつながります。そのため、事実の裏付けとして背景要因を説明することを心がけました。また、子どもの個別の心理分析を中心にする心理職とは、ふだんの業務で相談を行っているという共通項があるものの、環境面でのアセスメントが重要視されない場面もありました。そこで、同じ現象や子どもの行動を別の方面から見ているという共通理解を図ることを大切にしていきました。他の委員に対しても、福祉の専門職という視点からのアセスメントをどのタイミングで伝えるか、福祉職の発言が相手の専門性とどのような相関性を持つかという点についての配慮が、円滑な議論のためには必要でした。

(3) 生活に対する視点——背景要因の分析の大切さ

いじめをめぐる多様な軸について考えるとき、一人ひとりの児童・生徒がどのような生活をしているのかといった背景要因を探ります。生活の時間軸と環境面の作用を言語化することは、いじめの構造を解き明かす手掛かりになるからです。被害を受けた側は、加害者が「何をしたか」ではなく「なぜ、いじめという行為に至ったのか」を解き明かしたい気持ちがあると思います。調査委員会では、背景要因を分析することで、結果としての事実ではなく、その事実に至るまでの過程について、意見や考察を付加することができます。その考察は、調査結果として書類に現れない場合も多いですが、いじめにかかわった児童・生徒、教員を個別化して生活背景を考えると、いじめの要因についての理解と中立的な立場からの心情の理解が進むと思われます。

当初は、他の委員から、背景要因がいじめにどんな因果関係を持っているのか、事実ではない推測の見解に何の意味があるのか、指摘されました。いじめという事実を取り扱う際に、個々の生活についてまで考慮する必要はないのかもしれません。一人ひとりの生活からの分析は、福祉の専門職だからこその視点でもあるため、他の委員からの質問は当然ともいえます。しかし、いじめは子どもにとって生活の場である学校の中で起こったことでもあります。だからこそ、生活や環境の分析がいじめの要因分析と心情理解を深め、被害者や家族にも寄り添った調査をすることにつながっていくことを丁寧に伝えていきました。

(4) いじめの「重大事案」の深淵さをめぐる理解

教育委員会などの調査委員会は「重大事案」を取り扱う時に招集されます。しかし、いじめの被害者が亡くなったり、重篤な状況に陥ったりした場合と、被害者と加害者がいじめ発生時と同じ環境下にある場合とでは、調査委員会の方向性は明確に違いが出てきます。

自殺・事故の場合は、今後の自殺防止に活かしたり、遺族、関係者の事実に向き合いたい要望に応えることが調査の目的になります。そのため、被害者の尊厳を第一義とし、遺族の知る権利の保障をしっかりと押さえて事実関係を明らかにすることが求められます。もちろん、自死・事故に至らなかった重大事案でも、被害者の尊厳や家族の意向がないがしろにされることはあってはなりません。

しかし、いじめの被害者と加害者が、いじめ発生時と同じ環境下にある場合には、学校や被害者・加害者双方の家族、周囲の児童・生徒がどのようなスタンスで被害・加害の子どもに関わっているかが重要になってきます。調査委員会では、日々の様子や家族と子どもの気持ちがどのように変化しているかを進行形で注目しながら調査を進めます。それは、学校や教育委員会に対して対応策を同時に提示する作業にもなります。各調査委員は、それぞれの専門性を活かして、現在の子どもの関係性をふまえた分析と具体的な対応策を示し、それは委員会の総意というかたちで学校や教育委員会に提示されます。再発防止策が実現可能なものなのかどうかは、委員会の評価にもつながります。例えば、再発防止策として「校内体制の強化のための定期的な研修」を盛り込む必要がある場合、学校に研修をする余地が無ければ違う方法を考えなければなりませんし、困難の原因の分析も必要になります。子どもたちにとって即応性の高い再発防止策でなければ、調査委員会の意味が薄くなります。そこで、中・長期的な再発防止策と、当事者を含めた今いる児童・生徒に還元できるような再発防止策とを分けて考える必要性もあると思われます。

3 調査報告を学校や教職員、そして地域につなぐ

(1) 再発防止策を絵空事にしないために

調査委員会における調査と再発防止の検討の意義については「いじめ防止等のための基本的な方針」(文部科学省、2013年10月)において「法第28条の調査を実りあるものにするためには学校の設置者・学校自身がたとえ不都合なことがあったとしても事実にしっかりと向き合おうとする姿勢が重要である。学校の設置者又は学校は附属機関等に対して積極的に資料を提供するとともに調査結果を重んじ主体的に再発防止に取り組まなければならない」とあります。

これを言い換えれば、学校が事実に向き合い再発防止に取り組む姿勢に影響を与える調査の検証や報告書が必要ということです。学校や教育委員会、学校設置者などがいじめの再発防止策としてどのように取り組んでいくのか、より具体性のある手立てや見通しを示すことに加えて、再発防止策を学校等が活用していくための手立ても考察していきます。

調査委員会では、事実関係の把握の段階から再発防止策について準備を始めます。異なる専門性をもつ委員の間では、同じ言葉を使っていても受けとり方や意味合いなどが違うことがあり、意図がより伝わりやすいものになっているかどうかの検証も含め、委員同士のすり合わせの作業

が再発防止策をより具体的に示す足掛かりとなります。

さらに、再発防止策の提案では、被害者やその家族が安心できる環境をつくることはもとより、学校やその地域の実情に応じたものであるかどうかの検証も行います。学校や地域の実情を多面的に指摘することで、より実効性の高い再発防止策を提案できると考えます。

（2）個人の問題として終わらせない——子ども、教師、保護者と問題を分断しないように

調査委員会で扱われるいじめの事実関係や経過には、個人間のかかわりや成育歴、いじめに至るまでの対人関係などが反映される、きわめてパーソナルな事柄が多く含まれます。そのため、さまざまな事情に配慮した作業が求められます。さらに、調査活動がすべての当事者にとってどのような意味があり、学校がその地域や地域の子どもに対していじめの問題を通じてどんな貢献ができるのか、地域の中での学校のあり方や、取り組みが実現可能かどうかといった全体的な視点が必要です。

起こってしまった出来事の事実から、当事者を含めて何を教訓にしていくのかを背景から丁寧に解き明かすことで、同様の事態が起こることを防ぐことができます。全体性を意識した取り組みや背景のアセスメントは、福祉職では当たり前でも、他分野の専門家からすると必要性を認識されにくい場面もあります。まずは、過去の事案から中立的な立場でいじめについて積極的に語りあえる土壌づくりが必要です。

福祉職・スクールソーシャルワーカーとしては、調査活動を通じて得られた教訓や再発防止のための手立てを実践の中で役立てていくことが、いじめの未然防止という観点からまず取り組むべきことだと感じています。

（3）学校だけの問題ではなく、地域の社会的な問題として

いじめの重大事案における再発防止策は、学校全体の問題として取り扱わなければ意味がありません。それが学校の中で起こったことである以上、誰でも当事者になりうる可能性があるからです。さらに、再発防止策を実施していくためには、いじめの問題を広く自らの地域の問題として、社会的な問題として捉える必要があります。

調査委員会としては、個人の問題から学校全体の問題としてすべての児童・生徒に共通する再発防止策を考え、地域におけるいじめの防止策までを念頭に置かねばなりません。委員会の中では、学校という土壌はどうあるべきなのかを他の委員と幾度も話し合いました。また、いじめの問題に対する教育委員会のあり方にも問われていくべきだと思います。

筆者にとって調査委員会での活動は、個々の背景や聞き取りの内容から、いじめという事実について向き合い、学校や地域のあり方を再構築していく道筋を学びなおす機会でもありました。同時に、その学びが福祉職として調査委員会に求められている役割だとも確信しました。

〈参考文献〉

・鈴木庸裕「いじめ・自殺の防止対策について（1）」『福島大学総合教育研究センター紀要』第21号、福島大学総合教育研究センター、２０１６年。
・文部科学省「いじめ防止等のための基本的な方針」２０１３年。
・久保正昭・正司明美・合屋さゆり『ソーシャルワーカーのためのチームアプローチ論』ふくろう出版、２０１８年。
・川村隆彦『ソーシャルワーカーの力量を高める理論・アプローチ』中央法規出版、２０１１年。

第3部

子どものいのちとくらしをまもるために

精神医学的視点から見た「いじめと自殺」

桝屋　二郎

筆者は児童精神科医として子どもたちへの臨床に携わっているが、いくつかの「いじめ自殺」についての調査委員会（第三者委員会）にも携わってきた。2013年の「いじめ防止対策推進法」の施行以来、文部科学省が集計を継続している問題行動・不登校調査で、2018年度に認知された全国の小・中・高等学校でのいじめ件数は過去最多の54万3933件となった。これは2013年度以来最多となっている。しかも命の危険や不登校につながった疑いのある「重大事態」は、前年度を128件上回る602件で、こちらも集計以来最多となった。

このような状況の中で、いじめが原因と疑われる自殺事案も続いており、時として大きく報道がなされている。こういった自殺を少しでも減らし、ゼロに近づけていくことが本書の大きな目標の一つと考えられ、そのためにも自殺や希死念慮を生じさせるメカニズムについては、子どもを育む周囲の大人や支援者は知っておく必要があると考えられる。

本稿では「いじめ自殺」を含む子どもの自殺について、精神医学的に考えてみたい。

1　子どもの自殺の現状

厚生労働省が発行している令和元年版自殺対策白書（A）によれば、わが国では1998年に自殺者が3万人を突破して以降、たびたび年間の自殺者が3万人を超える異常事態が続き、政府も対策を迫られ、2006年に自殺対策基本法が施行されることになった。自殺対策に国として人

【図１】学生・生徒等の自殺者数の推移（令和元年版自殺対策白書より。20歳以上の大学生・専門学校生も含まれる）

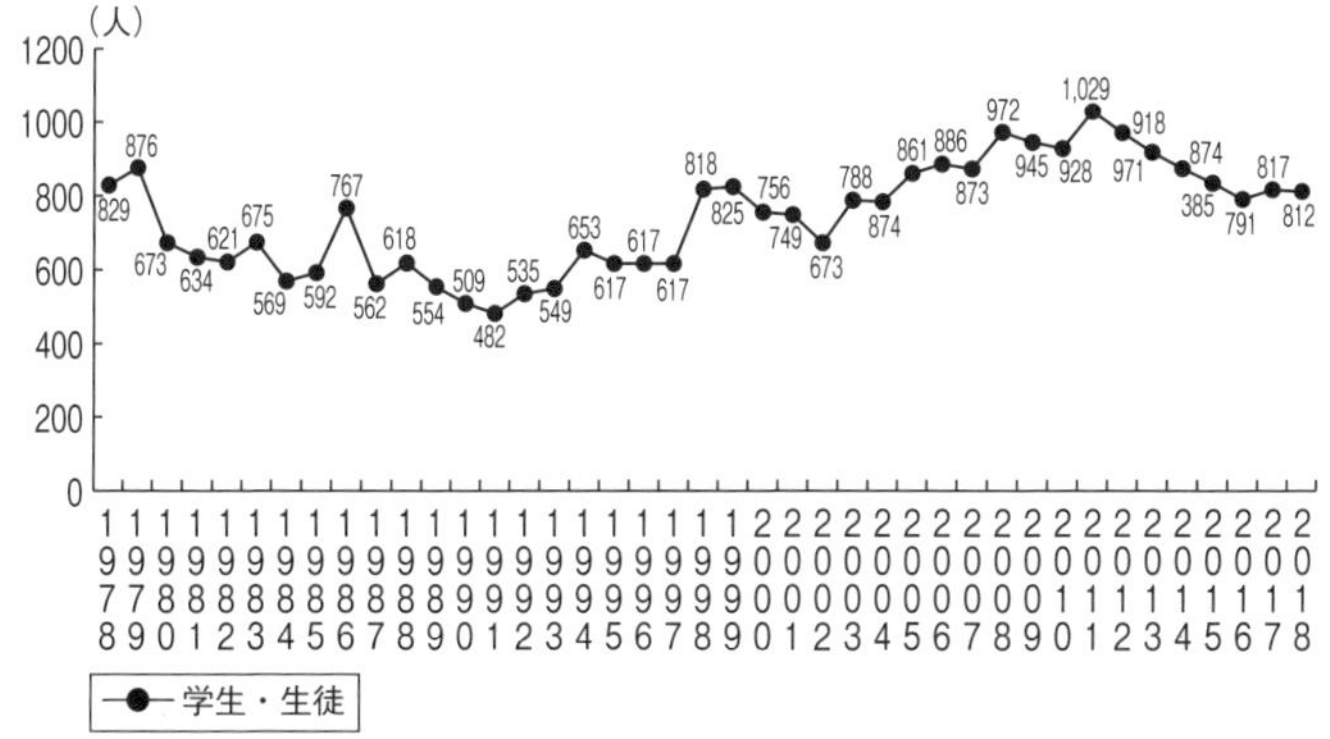

注）2006年までは「学生・生徒」だが、2007年の自殺統計原票改正以降は未就学児童も含めることとなり、「学生・生徒等」とされた。なお、未就学児童の自殺者数は０が続いており、2006年以前（学生・生徒）と2007年以降（学生・生徒等）の自殺者数を単純比較しても問題は生じない。

資料：警察庁『自殺統計』より厚生労働省自殺対策推進室作成

材や予算を投入した結果もあって、２０１２年に自殺者数が年間３万人を下回り、以降は減少が続いている。２０１８年の全国の自殺者数は９年連続減の２０８４０人となり、ピークだった２００３年の３４４２７人より約４割減っている。しかし、２０８４０人という数字は決して少ない数ではなく、同年の交通事故死者数の３５３２人に比べると約５・９倍となる。１日あたりで考えれば、約57人が毎日毎日、自殺でなくなっているのが日本という国なのである。

　このような状況の中、子どもの自殺はどうなっているのであろうか。20代の自殺は、全自殺者数が３万人を下回った２０１２年以降、漸減を続けているのに対して、19歳以下の自殺は横ばいを続けている（図１）。相対的には全自殺者の中での子どもの割合は上昇していると考えてよい。

わが国における若い世代の自殺は深刻な状況にあり、10～39歳の5歳刻みの各年代の死因の第1位は全て自殺となっている。こうした状況は国際的にみても深刻であり、15～34歳の若い世代で死因の第1位が自殺となっているのは、先進国では日本のみである。

自殺の原因や動機についてはどうであろうか。２０１８年の19歳以下の自殺者５６８件の統計上での原因・動機については、学校問題１８８件（約33％≒約3分の1）、健康問題１１９件（約21％）、家庭問題１１６件（約20％）、男女問題52件（約９％）、勤務問題32件（約６％）、経済・生活問題16件（約３％）、その他45件（約８％）となっており、学校問題が最多となっている。ただし、統計における動機や原因はあくまでも遺書や状況からの推測から計算されており、真の原因や動機を必ずしも正確に反映していない可能性がある。

自殺の手段については全年齢層において、縊首が第一位を占めているものの、10歳代自殺の特徴として、他のどの世代よりも明らかに飛び降りや飛び込みの比率が高いことが挙げられる。

この原因は明らかではないものの、若年者の自殺の特徴として希死念慮の発生から既遂にいたる期間の短さが挙げられることから、やはり若年者特有の衝動性から生じる、計画や準備の未周到さ、自己破壊欲求が影響している可能性があろう。邦文で読める子どもの自殺についての研究や考察のレビューとしては傳田のものが詳しい(B)。

2　子どもが自殺に至る過程・心理

A　自殺への危険因子

わが国の精神医学分野の基幹学会である日本精神神経学会が2013年に発行した「日常臨床における自殺予防の手引き」Ⓒによれば、自殺への危険因子として、

☆個人的因子

1、過去の自殺企図　2、精神疾患　3、アルコールまたは薬物の乱用　4、絶望感　5、孤立感　6、社会的支援の欠如　7、攻撃的傾向　8、衝動性　9、トラウマや虐待の体験　10、急性の心的苦痛　11、大きな身体的または慢性的疾患（慢性疼痛を含む）　12、家族の自殺歴　13、神経生物学的要因

☆社会文化的因子

14、支援を求めることへのスティグマ　15、ヘルスケアへのアクセスの障害　16、特定の文化的・宗教的な信条　17、自殺行動（メディアを通じたものを含む）や自殺者の影響への曝露

☆状況的因子

18、失業や経済的損失　19、関係性や社会性の喪失　20、自殺手段への容易なアクセス　21、地域における、波及的影響を及ぼすような自殺の群発　22、ストレスの大きいライフイベントの計22項目を挙げている。

また、日本精神科救急学会は表1のような10項目を挙げている(D)。

以上に挙げられた危険因子のうち、いくつか重要なものをピックアップしていきたい。

①過去の自殺企図・自傷行為歴

フィンランドでの調査によると自殺既遂者の40％以上に自殺未遂歴が

【表1】日本精神科救急学会 精神科救急ガイドラインより「主要な自殺危険因子」

過去の自殺企図・自傷行為歴
喪失体験 身近な者との死別体験など
苦痛な体験 いじめ、家庭問題など
職業問題・経済問題・生活問題 失業、リストラ、多重債務、生活苦、生活への困難感、不安定な日常生活
身体疾患の罹患およびそれらに対する悩み がんや他の身体疾患での病苦など
ソーシャルサポートの不足 支援者の不在、喪失など
企図手段への容易なアクセス 「農薬、硫化水素などを保持している」、「容易に薬物を入手できる」など
自殺につながりやすい精神疾患・心理状態・性格 希死念慮、不安・焦燥、衝動性、絶望感、攻撃性、精神病症状、孤立感、悲嘆など
家族歴
その他 診療や本人・家族・周囲から得られる危険性、アルコール・薬物、摂食障害など

認められている(1)。自殺企図と希死念慮に相関があることは言うまでもないが、赤澤らの高校生696人を対象にした調査によれば、自殺念慮の経験率は29・6%であった(2)。また、大塚の1537名の中学生を対象にした調査によれば、約55%が死をほのめかす言葉を言ったことがあり、約23%が以前に死のうとしたことがあると回答している(3)。一般に希死念慮は小学生高学年より出現しはじめ、中学から高校生にかけて高まっていき、その後に低減していく。

自傷行為についてはOwensらによると10代での自傷行為の経験は、その後10年以内で自殺既遂するリスクを自傷行為のない群に比して数百倍高めることを報告している(4)。歴史的には「リストカットや過量服薬などの自傷行為を繰り返す人は、本当に死にたいわけではない」という誤った風説によって必要以上に軽視されてきた過去があるが、実際には将来的に自殺でなくなるリスクが極めて高い群であると言え、決して軽視してはならない。

②精神疾患

まず最初に強調したいことは、自殺を既遂するまでに追いこまれた人間の心理状態は、何らかの精神疾患の状態になっていることがほとんどだということである。心理学的剖検より調査された複数の研究において、自殺既遂者の80%以上に何らかの精神障害があることはこれまで報告されている。100%近い報告もあり、精神障害の関与しない自殺は少数とも言える(5)が、これはごく当然のことなのである。これは青年期の自殺でも同様で、自殺既遂者の90%以上に何らかの精神障害があると報告されている(6)し、子どもの自殺でも同様で、WHOは2000年に発行した「自殺予防　教師と学校関係者のための手引き」において、自殺既遂した10代青少年の4分の3がうつ病の状態であったと記載している。この数字を見る時に気をつけなければいけないことは、「もともと精神疾患があり、その影響で自殺に追いこまれたケースと、いじめのような大きなストレス因子があり、その結果として精神疾患を罹患してしまい自殺に追いこまれたケースが混在している」ということである。つまり、統計には(a)「大きなストレスを生じる状況因があるために、精神障害を発症し、それらの複合的影響で希死念慮が生じて自殺に至る」ケースと、(b)「状況因子や性格因子として顕著なものはないが精神障害に罹患し、その結果として希死念慮を生じて自殺に至る」ケースと、(c)「精神障害の存在や影響とは、大きな相関がないものの、状況因子や性格因子などの影響で希死念慮を生じて自殺に至る」ケース、この3つが混在している。

そして、いわゆる「いじめ自殺」については(a)ないし(c)が考えられる。このため、いじめ被害ケースの自殺を論ずる際には慎重な判断が必要である。ただし、どちらにしても「精神障害を早期発見し、適切なアセスメントとケアを実施することが重要で、そのことが自殺予防に直接的につながっていく」と言えよう。そのためにも、自殺予防に取り組む場合には「もしかしたら、この子どもは何らかの原因・要因で精神障害を罹患しているかもしれない」という視点を忘れてはならないし、学校現場であれば担当教員だけでなく養護教諭、スクールカウンセラー、スクールソーシャルワーカー、学校医、外部医療機関などとの多職種・多機関連携の体制づくりが必要となる。少しでも心配なケースや気になるケースは、ためらわず医療支援にもつなげる勇気を関係者は持っていてほしいと考える。

以下に代表的な精神疾患について概説したい。

(1) 気分障害

自殺既遂者や自殺未遂者の中に気分障害、特にうつ病や双極性障害(いわゆる躁うつ病)のうつ状態が多く含まれることは以前より指摘されていた。例えば自殺の誘因として経済的問題が挙げられている場合も、経済的問題を誘因としてうつ病を発症し、その上で自殺に追い込まれているということである。前述したようにWHOも2000年に発行した「自殺予防 教師と学校関係者のための手引き」において自殺既遂した10代青少年の4分の3がうつ病の状態であったと記載している。日本においても赤澤らは76例の自殺既遂者の心理学的剖検において、86・8%の事例に精神障害を認め、半数以上がうつ病であったと報告している(7)。しかし、いじめ被害によるる自殺ケースのように実際に自殺にまで追い込まれるような事例では、状況因子による多大なストレスでうつ病を発症することは何ら不思議なことではない。また、うつ病は他の精神疾患と併存することも多く、対応する際には複数の精神疾患の存在も考慮すべきである。

(2) 統合失調症

思考の統合機能障害を主症状として、その影響として幻覚や妄想、興奮、自我障害、意欲低下や行動減退、等々のさまざまな症状を引き起こす統合失調症については、どの年齢層においても自殺リスクは高いが、思春期青年期にかけての発症が多いことから子どもの自殺の誘因ともなりうる。前述の気分障害もそうであるが、統合失調症も不登校やひきこもりの誘因になることがあるため、不登校やひきこもりケースの支援をする場合には必ず存在の検討をすべき疾患の一つということになる。

(3) 摂食障害

拒食症も過食症も、ともに思春期青年期の発症が多い疾患であるが、どちらも自殺のリスクが高いことが複数の調査において報告されている(8)(9)。拒食も過食も一種の自己破壊という視点で捉えなおすこともでき、その視点でいえば自傷行為の一種との見方もできる。拒食・過食と自傷行為とを全く同一視はできないものの、摂食障害患者にリストカットや過量服薬などの自傷行為が多いことも事実であり、前述したように自傷行為が自殺既遂リスクを高めるエビデンスから考えても、子どもの自殺危険因子としての摂食障害は重要であろう。

(4) 物質乱用

脱法ドラッグ、違法ドラッグ、シンナー等の物質乱用のみならず、喫煙やアルコールも自殺のリスクに関連していることがわかってきている。近年、子どもに関連して注意が必要なのはエナジードリンクをはじめとするカフェインの乱用が深刻化していることである。カフェインは合法であり制限なく購入することができるが、一時的な爽快感をもたらす一方で、依存性も高く、摂取時の精神症状や摂取中断時の離脱症状も強い。摂取時に起こることのある気分の高揚感や興奮、焦燥感、錯乱なども自殺リスクを増すし、摂取中断時の離脱症状としての抑うつ気分や不安も自殺リスクを増す可能性がある。

また、物質依存が他の精神疾患と併存すると自殺リスクを大きく増す(10)こともわかっており、物質依存傾向が出ていないかは注意深く観察・聞き取りしていく必要がある。

(5) 境界性パーソナリティー障害

境界性パーソナリティー障害は、対人関係における分離不安を根底に持ち、対人関係、自己像、感情などが不安定になり、衝動性も亢進するために、さまざまな精神症状や、ともすると自傷行為の上昇などを認める精神疾患である。米国精神医学会が作成している最新の診断基準DSM－5によると、有病率は一般人口の1・6%程度とされる。

しかし、境界性パーソナリティー障害は思春期から青年期にかけての時期に最も生じやすいとされており、自傷行為を繰り返すケースが少なからず認められることや、自己肯定感が低下し、慢性的な抑うつ気分を生じることも多いことから、子どもの自殺の危険因子としても無視はできない。単回の自傷行為のみ取り出してみると、希死念慮が認められないこともあるが、長期的に見れば、自殺で亡くなるリスクは対照群に比して明らかに高く、対応には慎重さを要する。境界性パーソナリティー障害は行動上の問題から対応が難しくなることも多く、一貫した適切な対応を行う必要もあるため、こういったケースにおいても心理・医療分野を含めた多職種連携によるセーフティーネットの構築が肝要である。

（6） 発達障害（神経発達症、神経発達障害）

米国では2003年から自殺や虐待を含めた暴力による死亡の情報を蓄積・分析するためにアメリカ疾病管理予防センター（CDC）がNational Violent Death Reporting System（NVDRS：全国暴力死報告システム）を稼働している。そのデータベースを解析した結果、5歳から14歳の児童期および青年前期の子どもたちの自殺例693例において、注意欠陥多動症（ADHD）と診断されたケースは児童期で59・3％、青年前期で29・0％であり、児童期群で有意に高かった(11)。この数字から、児童期の自殺ケースにおいてはADHDの存在可能性が高いことが示唆される。

自閉スペクトラム症（ASD）については、Mikamiらが救命救急センターにおいて入院した未成年の自殺企図ケースの12・8％がASD群であったと報告している(12)。またMayesらは16歳以下の精神科外来ケースのASD群の10・9％に希死念慮を認め、7・2％に自殺企図を認めたと報告している(13)。

発達障害においては発達障害本来の特性や症状である一次障害よりも、周囲の人々の不適切な対応（頻回の理不尽な叱責、いじめ、虐待、社会的孤立、等々）によって自己肯定感や自尊心の低下が生じて、その反応として生じる二次障害（抑うつ気分や不安などの心理的反応として起こる内在化、不登校や暴力などの行動面での反応として起こる外在化）が問題となることが多い。

この内在化と外在化は移行・混合しながら表出してくるが、社会的孤立が進み、内在化の抑うつと外在化の攻撃性が自己に向くと自傷や自殺のリスクが一気に高まってくる。発達障害と自殺、特にＡＳＤと自殺についての関係は調査・研究が世界的にも今後の課題となっているが、子どもの自殺行動を考える上では決して忘れてはならない視点であると考えられる。発達障害の子どもたちを少しでも早期に発見し、その個々の特性を把握して、それぞれの子どもたちに適した合理的配慮を行うことが子どもを支援する立場の人間には必要であろう。

③喪失体験

身近な人やペットなどとの死別以外にも、財産、立場や役割、地位、居場所、病気やケガなど、喪失体験にはさまざまなものがあるが、子どもの自殺における注意点としては、大人にとってみればたいしたことのない出来事であっても、子どもにとっては、大切であったり、深刻であったり、かけがえのなかったりすることが多々あることである。それを理解していないと、有効な対処をとれないまま企図が生じ、事後に「なんでこんな些細なことで……」と、当惑・後悔することになる。このことは子ども全般に言えることであるが、発達障害ケースにおいては特有の認知の違いから、事前の理解や察知がいっそう難しくなることもある。自分の先入観にとらわれず、本人の様子や行動を丁寧に観察したり、本人や周囲の人々から丁寧な聞き取りをしていく必要がある。

④家族歴、家族の自殺歴

家族の自殺歴については、同じ家系に自殺者が複数出る報告が過去からなされてきており、家族の自殺歴は自殺の有力な危険因子の一つと言えよう。この背景には、一つは遺伝的影響が遺伝も発症に関与する精神疾患を媒介した上で自殺の危険因子となっていることが考えられる。例えば、自殺の有力な危険因子の一つである気分障害は遺伝疾患ではないものの、遺伝的影響は発症誘発因子の一つとして挙げられている。特に双極性障害（いわゆる躁うつ病）は遺伝的影響が大きい。また、近親者に精神疾患を抱える人がいた場合、養育や価値観や自己肯定感などの認知に影響を与えられる場合があり、自殺リスクにも影響を及ぼす可能性がある。別の視点では、近親者に自殺者がいることで、辛い状況を自殺によって終結させるという一種の解決モデルを学んだということが自殺の危険因子になることも考えられる。

⑤自殺行動や自殺者の影響への曝露（メディアを通じたものを含む）

わが国においては、1986年に有名女性アイドル歌手の自殺がセンセーショナルに報道されたことを契機として中高生の自殺が急増し、中高生の自殺者数が前年に比べて100名以上の増加をしたことがある。他にも1992年に有名ロック歌手が死去したことや1994年には男子中学生の「いじめ自殺」の報道が過熱した結果、中高生の自殺者数が急増したこともあった。2006年にも「いじめ自殺」の報道が相次ぎ、中高生の自殺が増加したが、この際に文部科学省は学校に「いじめ問題への取り組みの徹底について」という通知を出した上で、「未来のある君たちへ」という文部科学大臣からの手紙を児童生徒に配布して、いじめや「いじめ自殺」についての対策を強化した。この結果、自殺者の増加は比較的軽微にとどまった。このように子どもの自殺においては周囲の自殺に影響され、群発する可能性があることが一つの特徴となっている。これは、子どもが大人に比べて被暗示性や被影響性が強いこと、思考や認知が短絡的になりやすいこと、衝動性が高いこと、などが影響していると考えられる。また、子どもの自殺において、友人同士の複数での自殺が発生する一方、成人の自殺においても自殺サイトを媒介とした集団自殺が問題となっている。このように年代を問わず、単独の自殺へのハードルに比べて、「一緒に死ぬ人がいる」「みんなやっている」という一種の安心感が自殺のハードルを低くすることは十分に考えられる。

このような自殺の連鎖を防ぐため、WHOは「自殺対策を推進するためにメディア関係者に知ってもらいたい基礎知識」(E)を作成・公表している。その中では「自殺を、センセーショナルに扱わない」「当然の行為や問題解決の方法のように扱わない」「繰り返し報道しない」「手段や方法や場所を詳細に伝えない」「自殺に関する啓発を行う」「死にたい気持ちになった時に支援が受けられる方法を伝える」などが挙げられ、自殺の連鎖を防ぐためにセンセーショナルでない慎重な報道を求めている。

⑥トラウマや虐待の体験

被虐待経験が自殺や自殺企図の危険因子になることは多くの報告がある。被虐待体験を含めてトラウマティックな体験は、物事の見方や捉え方といった認知について歪みを招き、自己肯定感を低下させることが知られている。幼少時のトラウマ体験は、安定した人間関係の構築・維持をする能力を大きく毀損することも知られ、社会的に孤立しやすくなり、良質で安定的な人間関係を築いたり、安心して人に心を開いて相談したり、SOSを出すことが困難になる。この結果、自殺に傾きやすく、傾いた時の支援につながりにくくなり、より自殺のリスクが増してしまう。虐待やいじめについては、トラウマ反応として大きく被害者の認知を歪め、自己肯定感（自己信頼感）を歪めて毀損し、人間関係における信頼感や社会への信頼感も毀損してしまう。これらの信頼感をまとめて基本的信頼感と呼ぶが、この基本的信頼感の毀損を通じて、自己評価の低下や社会的孤立を起こし、後々のさまざまな精神保健上の問題を引き起こし、結果として自殺リスクが増していく。これらの機序については次項でも触れたい。

B　いじめが自殺に至る心理的基盤

自殺の危険因子については前述してきたが、その中には直接に「いじめ」は入っていなかった。しかし、最近になって「いじめ被害」が直接的に自殺の危険因子になるという研究が出るようになった。katsumataらによれば10代と20代の自殺既遂者のうち、男性で約4割、女性でも約6割が中学校時代のいじめを体験している(14)。しかしここで、いじめと子どもの自殺を考えると「いじめ被害体験が中長期的に精神保健上のリスクとして働き、後年の自殺を惹起する」場合と「いじめ被害体験が短期的に影響して急性的な自殺を惹起する」場合に分かれる。一般的にいわゆる「いじめ自殺」と呼ばれる自殺は後者にあたるものと思われる。前者は前述したように、苛烈ないじめ被害を受けると、トラウマ反応として大きく被害者の認知を歪め、自己肯定感（自己信頼感）を歪めて毀損し、人間関係における信頼感や社会への信頼感、つまり基本的信頼感を毀損してしまう。基本的信頼感の毀損を通じて、自己評価の低下や社会的孤立を起こし、後々のさまざまな精神保健上の問題を引き起こし、結果として自殺につながるのである。この2種の自殺、どちらも防ぐべきものであることは間違いないが、自殺に至る機序には違いがあると思われるため、留意が必要であろう。

現在、自殺に至る心理的基盤として広く支持されている理論はSchneidmanが提唱した心理的視野狭窄などの自殺者に共通する心理(F)とJoinerらが提唱した「自殺の対人関係理論」(G)であると思われる。Schneidmanは自殺者にある10の共通点として、以下のものを挙げている。（高橋祥友訳『シュナイドマンの自殺学　自己破壊行動に対する臨床的アプローチ』金剛出版、2005年より）

1、自殺に共通する目的は、問題を解決することである。

2、自殺に共通する目標は、意識を止めることである。

3、自殺に共通する刺激は、耐えがたい心理的苦痛である。

4、自殺に共通するストレッサーは、心理的要求が満たされないことである。
5、自殺に共通する感情は、絶望感と無力感である。
6、自殺に共通する認知の状態は、両価性である。
7、自殺に共通する認識の状態は、心理的視野狭窄である。
8、自殺に共通する行動は、退出である。
9、自殺に共通する対人的行動は、意図の伝達である。
10、自殺に共通する一貫性は、人生全般に渡る対処のパターンである。

つまり、心理的欲求が満たされないままに耐えがたい心的苦痛が続き、絶望感と無力感に支配される状態になると、問題を解決するための方策の模索を停止し、死を考えるようになる。死にたい気持ちと生きたい気持ちの両価的な感情で揺れ動くものの、辛い状況が改善のないままに続く中で心理的視野狭窄を起こし、「自殺のみがこの辛い状況を解決し、終わらせる唯一の方法である」と考えるようになり、辛い状況からの脱出を自殺という手段で解決するという流れが自殺者には共通するということになる。この思考過程が「いじめ自殺」でも起こりうることは容易に想像できよう。このSchneidmanの提唱も参考にして高橋は、自殺者の共通心理として、

1、極度の孤立感
2、無価値観
3、強度の怒り

4、窮状が永遠に続くという確信
5、心理的視野狭窄
6、あきらめ
7、全能の幻想

の7項目を提唱した(H)。

いじめ被害に遭い、直接の加害者や傍観者の中で孤立し、そして教員や周囲の大人にSOSを出せなかったり、何とかSOSを出した教員や大人に力になってもらえなかったりすると、強い孤立感を感じるようになる。一方でいじめを受けたトラウマ反応として認知の歪みが起こり、「自分には価値がない」「自分なんか居ないほうがよい」といった自己肯定感や自尊心が毀損した自己否定感情に支配されるようになる。辛い状況の中で周囲に強い怒りの感情を持つが、状況の改善が無い中で、それをうまく発散も解決もできず、イライラや怒りはつのり、時としてその怒りや攻撃性が自身に向かってしまう。そして「この辛い状況は解決しないままずっと続くのだ」と考えるようになり、心理的視野狭窄を起こし、その辛い状況から抜け出す方策として「他の方策は無い」と自殺を考えるようになり、他の方法での解決を諦め、「自殺のみがこの辛い状況を解決し、終わらせる全能かつ唯一の方法である」と考え自殺に至るのである。

一方、Joinerらは「死にたいと思う人は多くても、実際に企図する人は少ない」という視点から「自殺の対人関係理論」を提唱した(図2)(G)(I)。企図することを思いとどまらせているのが、

【図２】「自殺の対人関係理論」による自殺が生じる経路（Van Orden KA et al : The Interpersonal Theory of Suicide, Psychol Rev. 117（2）: 575-600, 2010. より翻訳改変）

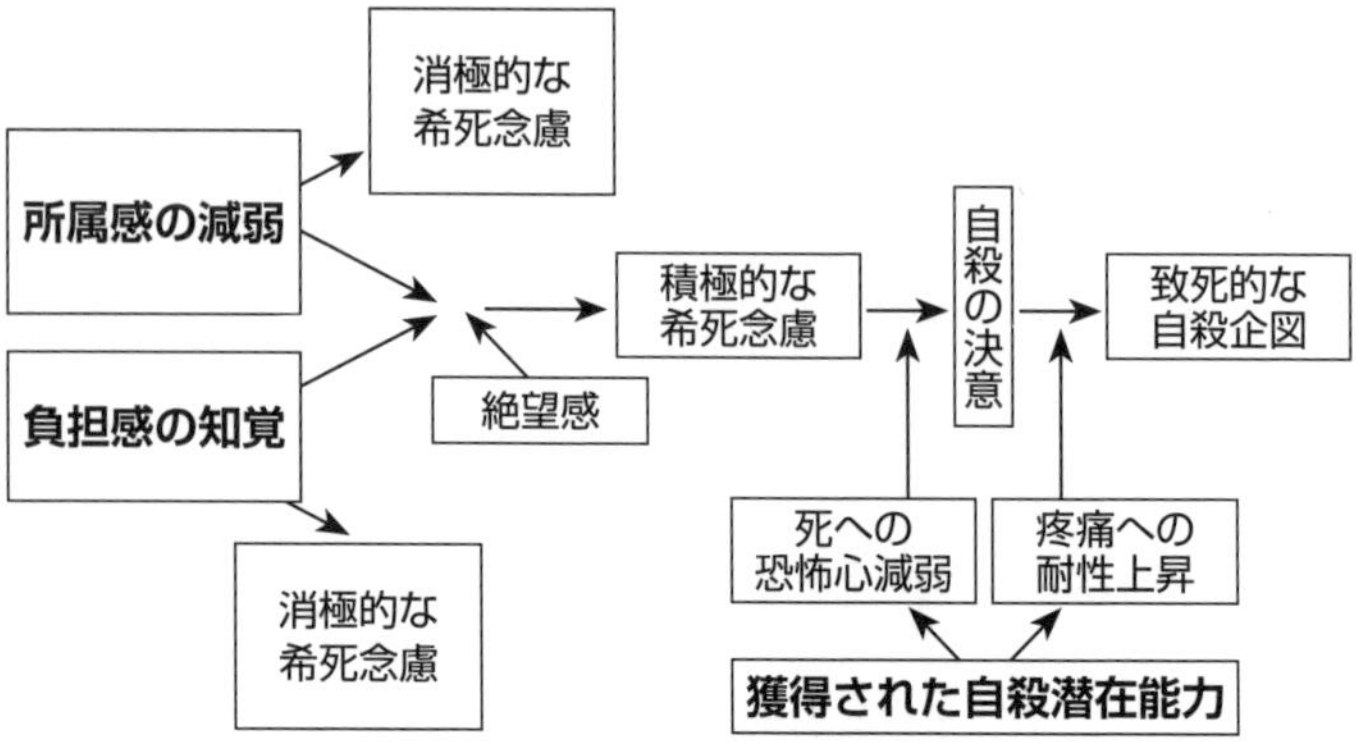

「死に対する恐怖感」や「自身を傷つけることや疼痛に対する抵抗感」が想定されるが、それらを乗り越え自殺を決行するためには、それらに対するハードルが下がるための「自殺潜在能力」、つまり、死への恐怖感が減弱したり、自らを傷つけたりすることや痛みに対しての耐性が上昇する能力を獲得する必要があると考えたのである。そして、積極的な希死念慮にこの自殺潜在能力が加わると致死的な自殺が起こるということになる。この積極的な希死念慮が生まれるために必要なのが「所属感の減弱」と「負担感の知覚」ということになる。「所属感の減弱」とは集団内での孤立や人とのつながりの稀薄化といった感覚の他に、自分が必要とされていないといった感覚も含まれる。そして「負担感の知覚」というのは「自分が皆の迷惑になっている」、「自分が居ないほうが皆にとってよいことである」といった感覚である。この２つの感覚は対人関係の中で生じ

る。そのため本理論は「自殺の対人関係理論」と名付けられたのである。この「所属感の減弱」と「負担感の知覚」の片方しか存在しない場合には「死んじゃいたいな……」といった程度の消極的な希死念慮しか生じない。しかし、この2つが揃い、その上で状況の改善が無く絶望感が生じると「自殺をしたい」という積極的な希死念慮が生じる。この際に自殺潜在能力が高いと自殺を決意し重篤な自殺企図を起こすわけである。この自殺潜在能力が高まるには、自傷行為の経験や死を身近に感じることのできる経験、例えば近しい人や大切にしていたペットとの死別や身近な人の自殺、事故の経験や目撃、等々によっても生じる。自傷行為にしてもリストカットや過量服薬以外にも、拒食や過食、アルコールや物質乱用といった広義での自傷も含まれる。

前述したように、いじめ被害に遭うと、直接の加害者や傍観者の中で孤立し、そして教員や周囲の大人にSOSを出せなかったり、何とかSOSを出した教員や大人に力になってもらえなかったりすると、強い孤立感を感じるようになる（所属感の減弱）。一方でいじめを受けたトラウマ反応として認知の歪みが起こり、「自分には価値がない」「自分なんか居ないほうがよい」といった自己肯定感や自尊心が毀損した自己否定感情に支配されるようになる（負担感の知覚）。そして自分が遭っているいじめ行為そのものが、さまざまな感情を麻痺させ、死への恐怖感を減弱させることによって自殺潜在能力を引き上げることになるのである。

松本は私見として、「いじめ被害体験が短期的に影響して急性的な自殺を惹起する」いわゆる「いじめ自殺」と特徴について、「被害者に激しい恥辱感を覚えさせるような苛烈な加害行為」「いじめの発生から自殺までの期間が比較的短い」「教員がいじめ被害に気づきながらも具体的な対応策を取っていない」ことを挙げている(15)。これらは被害者にとっては、プライドを傷つけられるような恥辱的な被害によって自分をも責めるような「負担感の知覚」を一気に深め、大変な思いをしてSOSを出しても教員が対応をしてくれないことで一気に孤立感を深めて、一気に「所属感の減弱」を生じる。結果的に致死的な自殺企図を生ずるリスクは高いと考えられる。

3　いじめ加害者や家族への心理支援

いじめにおいて、被害者を自殺に追いこむほど苛烈であったり、長期に渡ったりするいじめがある場合、直接的にいじめを実行した加害者や、場合によってはその家族にも、心理支援を要することが多い。精神疾患の診断が下せるまではいかないまでも、深刻事例においては、加害者にいじめをエスカレートさせる衝動コントロールの脆弱さや、いじめ加害を続けることがどのような結果を生み出すのかという想像力の不足を認めることが多いが、その基盤に支援が必要な心理特性や家庭背景、場合によっては精神疾患を持つこともあるからである。

事態が深刻化する前にそうした支援を実施することは、反発や怒りを生むこともあり、困難を伴うことが多いが、加害をただ責めるのではなく、よく言い分や話を聴き、認めるべき部分はそれを認め、その上で支援を受けることに大きなメリットがあることを伝えていかなければ、円滑な支援にはつながらない。

そして、誰にどのような心理的支援が必要なのかを正しく判断し、正しい支援を実行するためにも、やはり単職種での対応には限界がある。学校であれば管理職が主導して、担当教員だけでなく、養護教諭、特別支援コーディネーター、スクールカウンセラー、スクールソーシャルワーカー、学校医、外部医療機関、そういった職種・機関と緩やかな支援チームを日頃から構築しておき、いざ必要な事態になった際に迅速に対応ができるようにしておく必要があろう。

4 おわりに――いじめによる自殺を防ぐために

いじめ被害による自殺を防ぐためにも、いじめ被害によって自殺がどう起こるかを知っていただくことは大切だと考え、子どもの自殺について概説した。いわゆる「いじめ自殺」の調査委員会（第三者委員会）に携わっていると、他の委員の方に「そこまで辛かったのなら、学校に行くのを止めたらよかったんじゃないですかね？」と聞かれることがある。筆者自身もそう思ってしまうこともある。しかし、実際に自殺に追いこまれる子どもたちはそれができない。できないからこそ自殺に追い詰められていったのである。

そもそも不登校と自殺には深いつながりがあり、「不登校を選択することで自殺しなくてすんでいる」子どもたちが相当多数いると考えられる。裏を返せば「不登校を選べない子どもたちも少なからずいて、その子たちの一部が自殺に追い込まれている」とも言える。同年代の皆が行っている学校に行かないと決めて、それを実行に移すことは、実はハードルが高いことなのである。そのハードルを越せない子どもたちは辛くても学校に行くしかなく、その中でいっそう追い込まれているという事実をまず我々は知るべきであろう。

いじめ被害で辛い思いをしても不登校を選べない原因の一つが「心理的視野狭窄」である。「とりあえず学校に行かない」という選択肢を見えなくさせ、「自殺のみが唯一の解決手段である」と思い込んでしまっている状況に子どもたちが居るかもしれないという視点を我々は忘れてはならない。そして、心理的視野狭窄が生ずる前後ごろから、本人はSOSを出すことがいっそう困難になってくる。内閣府の調査によると自殺を考えた時に相談した経験のある人は約3割に過ぎない。つまり希死念慮を抱えた人の多くは、相談をしないかできないかという状況に置かれている。その中で心理的視野狭窄が生じると相談はいっそう難しくなる。「どうせ相談しても無駄だ」「自殺しかないんだ」という気持ちに追い込まれてしまう。

したがって我々は子どもたちの非言語的なSOSを見逃さないように、注意深く子どもたちを観察し、その行動・言動・表情などに細心の注意を払うべきなのである。そしてもし子どもたちが「死にたい」とか「消えてしまいたい」とか「どこか遠くに行ってしまいたい」とか「辛い」と言葉で言ってくれた時には、彼らは相当の決心や大変さの中でSOSを発信してくれたことを理解し、ゆめゆめ軽く扱わないようにしなければならない。受け流したりしてはならず、SOS

を出してくれたことを労い、味方であることを伝えながら、安心安全な環境の中で、より詳しく訴えに耳を傾けなければならない。SOSを出してくれた子どもが失望しないように、その子どもに見える形での真摯な対応が求められる。

本文の中でも述べたように、単職種での対応には限界がある。換言すると、これだけいじめの被害による自殺がなくならないのは、そういった対応や体制構築が「できていない」「難しい」ということを表している。普段からの積み重ねの対応が「人の命を救う」かもしれないし、対応のちょっとした不備が「人の命を失わせる」ことになる。学校関係者をふくめて、子どもの教育や支援に携わる人間は常に「いじめ」「いじめ被害ストレスによる精神疾患の発症や悪化」「自殺への進展リスク」「いじめ被害者や家族のみならず、いじめ加害者や家族への心理的支援」などを、他人事ではなく自分事として認識しておく必要がある。

学校全体で認識し実践を行うためには、学校管理職や上部組織である教育委員会の意識が重要である。高い意識を持ってはじめて、いじめ防止対策委員会や調査委員会が実効性を持つ。それを我々は心に留めておくべきと考える。

引用文献

（1）Suominen K, et al.:General hospital suicides : a psychological autopsy study in Finland. Gen Hosp Psychiatry 24 : 412-416, 2002
（2）赤澤正人：若年者の自傷行為と過量服薬における自殺傾向と死生観の比較、自殺予防と危機介入 32(1), 34-40, 2012

（３）大塚明子ほか：中学生の自殺親和状態尺度作成の試み、カウンセリング研究 31(3), 247-258, 1998
（４）Owens D, et al : Fatal and non-fatal repetition of self-harm. Systematic review. Br J Psychiatry 181:193-9, 2002
（５）Bertolote JM, et al:Suicide and psychiatric diagnosis: a worldwide perspective. World Psychiatry1:181-185, 2002.(高橋祥友・山本泰輔訳：各国の実情にあった自殺予防対策を、精神医学 49：547-552)
（６）Bridge JA, et al：Adolescent suicide and suicidal behavior. J Child Psychol Psychiatry 47 : 372-394, 2006
（７）赤澤正人ほか：死亡時の職業の有無でみた自殺既遂者の心理社会的特徴：心理学的剖検による76事例の検討、日本社会精神医学会雑誌 20, 82-93, 2011
（８）Steinhausen HC.：The outcome of anorexia nervosa in the 20th century. Am J Psychiatry 159 : 1284-1293, 2002.
（９）Steinhausen HC, Weber S. The outcome of bulimia nervosa: findings from one-quarter century of research. Am J Psychiatry 166 : 1331-1341, 2009.
（10）Shaffer D, et al：Psychiatric diagnosis in child and adolescent suicide. Arch Gen Psychiatry 53(4): 339-348,1996.
（11）Sheftall A, et al：Suicide in Elementary School-Aged Children and Early Adolescents. Pediatrics 138 (4):e20160436,2016.
（12）Mikami K, et al : Frequency and clinical features of pervasive developmental disorder in adolescent suicide attempts. Gen Hosp Psychiatry 31(2): 163-166, 2009.
（13）Mayes SD, et al : Suicide ideation and attempts in children with autism. Research in Autism Spectrum Disorders 7 : 109-119,2013.
（14）Katsumata Y, et al：School problems and suicide in Japanese young people. Psychiatry Clin Neurosci 64(2): 214-215, 2010.
（15）松本俊彦：「いじめ」はいつ自殺に転じるのか、臨床心理学 16(6): 643 − 650, 2016.

参考文献・参考図書

（A）厚生労働省（２０１９）令和元年版自殺対策白書

（B）傳田健三『なぜ子どもは自殺するのか―その実態とエビデンスに基づく予防戦略』新興医学出版社、２０１８年

（C）日本精神神経学会（２０１３）日常臨床における自殺予防の手引き

（D）日本精神科救急学会（２０１５）精神科救急医療ガイドライン２０１５

（E）ＷＨＯ（２０１７）自殺対策を推進するためにメディア関係者に知ってもらいたい基礎知識

（F）Shneidman ES: Suicide as Psychache: A Clinical Approach to Self-Destructive Behavior. Jason Aronson, Inc (Lanham, Maryland)1993.〔高橋祥友訳『シュナイドマンの自殺学―自己破壊行動に対する臨床的アプローチ』金剛出版、２００５年〕

（G）Joiner TE, et al : The Interpersonal Theory of Suicide: Guidance for Working with Suicidal Clients. American Psychological Association (Washington DC) 2009.〔北村俊則監訳『自殺の対人関係理論　予防・治療の実践マニュアル』日本評論社、２０１１年〕

（H）高橋祥友編著『新訂増補　青少年のための自殺予防マニュアル』金剛出版、２００８年

（I）Van Orden KA et al : The Interpersonal Theory of Suicide. Psychol Rev 117(2): 575-600, 2010.

牧野　晶哲

いじめ問題と修復的アプローチ

―「学校ハラスメント」を乗り越えるには―

筆者は大学でソーシャルワーカーの養成に携わる傍ら、自治体や学校のいじめ問題対策委員も務めています。定期的に開催されるいじめ問題対策連絡協議会では、いじめの認知件数などを確認するとともに、各学校で取り組んでいるいじめ予防対策なども点検しています。しかし、会議室で行う協議会だけでは十分な検証や実践に至らないため、あらためて各学校での啓発活動や組織的な対応ができているかが肝要だと感じます。特にいじめ予防の取り組みは、学校としても力を入れているところですが、学校の年間行事に組み込まれることで実施することが目的となってしまい、形骸化しやすい問題をはらんでいます。子どもたち自身がお互いの関係について対話を通して感じ、考える機会を創り出せないかと考えた時に、修復的アプローチが果たせる役割があると思います。本稿では学校で取り組むことができる修復的アプローチについて説明します。

1　いじめ対策の課題と修復的アプローチの可能性

(1) 学校でのいじめ対策の変遷

学校におけるいじめ問題への対策は、社会問題化することでこれまでも何度となく議論され、その都度対策が打ち出されてきました(1)。最初は1980年代中盤、いじめを原因とする遺書を残して自死をした事件を契機に対策が検討され、学校としては処罰を辞さない強い覚悟と徹底した指導により問題解決を図ろうとしました。また実態を把握するための緊急調査も実施されるようになり現在に至ります。続いて１９９０年代中盤、やはりいじめを苦に自死をした事件をきっかけにして再度対策を強いられることになります。その結果、学校に心理専門職であるスクールカウンセラーを配置し、子どもの心のケアを中心に、教職員支援や保護者対応などの役割を担うこととなります。さらに２０００年代中盤には、いじめ自死だけでなく学校や教育委員会の隠蔽構造が報道されました。文部科学省ではこれまでのいじめの定義を改めると同時に、いじめられた子どもの立場に立って判断をするよう通知を発出しました。

このようにさまざまな対策を打ち出したり、専門職を導入したり、子どもたちに対するメッセージを発していながらも効果的な対策にはなりきれず、２０１０年代初頭にいじめを起因とする自死事件が発生し、４度目の社会問題化につながりました。この際にいじめの原因と実態を検証すると同時に、再発防止の提言をするために第三者調査委員会が設置されました。そして事件の翌年には、いじめ防止対策推進法が成立する流れとなります。いじめ防止対策推進法では、国や地方公共団体、そして学校は「いじめ防止基本方針」（以下、基本方針）を策定します。特に学校では、基本方針に定めた、①いじめ防止のための取り組み、②早期発見・いじめ事案への対処のあり方、③教育相談体制・生徒指導体制・校内研修、を充実・徹底させることで、教職員がいじめ問題を抱え込まず、学校全体としていじめに対応する体制づくりが示されたのです。

（2）従来のいじめ対策の課題

このように時代による変遷はありますが、学校におけるいじめ対策は次のようにまとめられます。まず予防対策としては、人間として絶対に許されない行為であるとの意識を子どもたちに徹底させ、いじめを発生させない学校づくりのため指導を強化するなどしてきました。道徳の教科化などもこの文脈に位置付けられます。早期発見のためにアンケート調査を年間に複数回実施するなどの取り組みも始まっています。しかし、「いじめはダメ」というフレーズだけが一人歩きするだけで、「冗談のつもりだった」「イジリであってイジメではない」など、被害の子どもの置かれた立場や心情を推し量る力の醸成には必ずしも至っていません。

次に対応方法としては、加害の子どもに対し出席停止等も含めた毅然とした指導を、被害の子どもに対し心理的ケアを実施するなどしてきました。しかし、加害の子どもの規則違反に焦点を当て、責任を追及し一方的に罰を与える対応は、被害の子どもや周囲に与えた影響と損害を知る機会と同時に、失敗から学ぶ機会も奪ってきたとも言えます。被害の子どもにとっても、自分がいないところでかりそめの問題解決が図られてしまい、当事者不在のまま学校が平常を取り戻そうと動くことで、学校と被害の子どもとの距離がますます遠のいてしまうのです。

このようにいじめの予防や対応の主役に子どもたちが据えられていないこと、参加できていないことにより、いじめ対策は空回りしているとも考えられます。そのような中、子どもたち自身が参加しながら葛藤を解決したり、調和的な関係を模索する修復的アプローチ※1に注目が集

【図1】修復的アプローチの構造（山下英三郎　講演資料を参考）

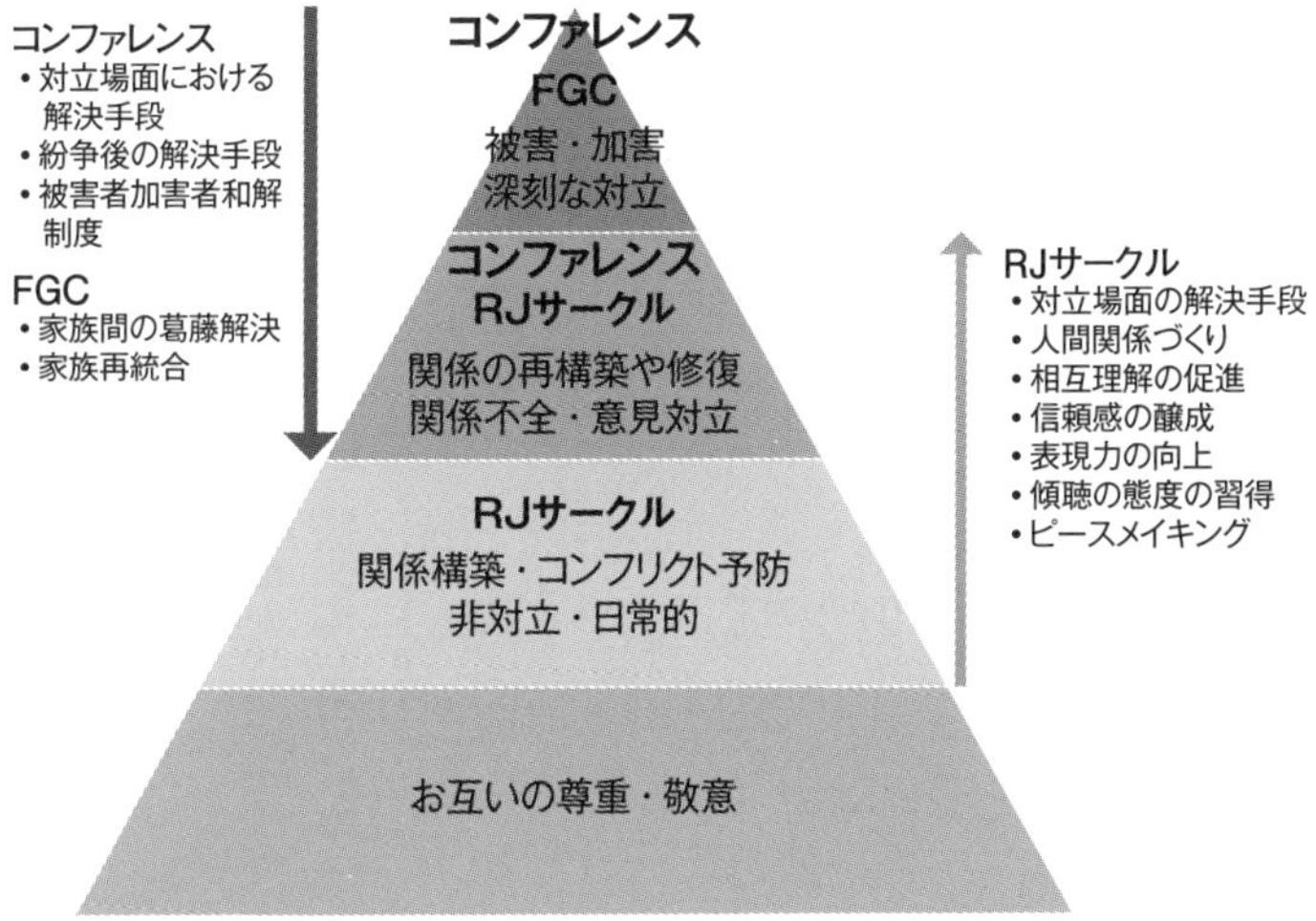

まっています。

※1　修復的アプローチ（Restorative Justice）は司法分野から導入されたため「修復的司法」「修復的正義」と訳されることも多いですが、本稿では特に制限のない場合は「修復的アプローチ」を用います。

(3) 修復的アプローチとは

修復的アプローチは、犯罪や事件など刑事司法の分野で取り入れられていますが、起源は古く、世界各地の共同体で集団の調和や関係の修復のために用いられていた取り組みを源流としています。基本価値を「尊重」とし、犯罪や事件などに関わる当事者だけでなく関係者も参加した対話を通して、傷や損害を確認し、責任や義務を全員で明らかにすると同時に、今後の展望を模索する過程(2)です。過去の行為に対する懲罰による問題解決とは異なり、関係修復や回復に力点が置かれる未来志向型が特徴と言えます。対話の場には4つのルールがあり、①お互いを尊重する、②相手の話をよく聞く、③相手を非難しない、④発言しなくてもよい、を守りながら対話を進めていきます。

なおハワード・ゼアは修復的アプローチにまつわる誤解として、「主な役割は赦しと和解ではない」「調停ではない」「再犯率を下げることではない」「特定のプログラムや問題解決の青写真ではない」「万能薬でもなければ今日の司法制度に取って代わる制度ではない」などを挙げた上で、『地図ではなく羅針盤』(3)と説明しています。

修復的アプローチの態様としては3つに分類されます。1つが、被害―加害の関係が明確である場合に関係者が参加しながら集団・クラス・学校を癒し、関係の再建を目指す『コンファレンス』。次に、虐待などに伴う家族再統合の場面などで用いたり、被害―加害が伴わない家族間の葛藤を解消するための『ファリミー・グループ・コンファレンス』(FGC)。もう1つが、参加型民主主義の一形態であるとともに、他者理解や他者尊重の機会を創り出すことができる『RJサークル』です。

それぞれの進行役(ファシリテーター、キーパー)には役割があります。コンファレンスのファシリテーターにおいては事前準備が最も大切とされています。話し合いの場に被害者、加害者、その他関係者全員が安心して臨めるよう何度も個別面談を重ね、非難する(される)場、攻撃する(される)場でないことを説明し、理解してもらう必要があります。また参加してくれた全員に対して敬意を払い、謝辞を伝えることも大切な役割です。それ以外にも、話し合いの場をリードするのではなく話を引き出す存在であるため、個人的な感情の発言は控えたり、参加者全員が発言できるよう配慮したり、話をまとめるなどの役割があります。RJサークルのキーパーにおいては、ファシリテーターほど高度な役割が課せられませんが、話し合いの場が自由かつ安全な場であるための配慮は欠かせません。また話題の進行を担ったり、全員が参加できるような配慮が求められますが、それ以外は参加者の一人として個人的な発言や話の進行を妨げない程度の質問をすることもできます。

なお、ファシリテーターやキーパーは特定の資格や免許を有する専門職である必要はありません。ただし修復的アプローチが掲げる理念と、ソーシャルワーカーが立脚している価値（社会正義、人権、集団的責任、多様性尊重）は非常に親和性があります。他にも、直接の関係からだけではなく周囲を取り巻く環境まで視野に入れる視点の共通性や、人と人とを結びつける調整機能などを考えると、ソーシャルワーカーが用いることの妥当性があると山下も指摘（4）しております。

（4）修復的アプローチを学校に導入することの意義

学校では他者との関係について、時に失敗や傷つき傷つけながらも、豊かで多様的な関係性を体験的に学ぶ場でもあると思います。対立が生じても、どちらかを排除すれば問題が解決するわけではなく、翌日以降も同じクラスで同じ関係が継続されるため、被害—加害に関係する子どもだけでなく、すべての子どもたちにとって平和的な葛藤解決能力の獲得が必要とされています。例えば、他人の話を冷静に聴くことのできる力であったり、自分の思いを明確に他人に伝える力であったり、他人を尊重しつながりを取り戻す力であったり、です。これらは対話を通して新たな価値や思考が生まれることや、双方の関係性に変化を与えることで獲得できるのです。その点から考えても学校への修復的アプローチの導入は意味があります。

その他にも、ＯＥＣＤによるDeSeCo（2002）が示したキーコンピテンシーのカテゴリーの１つに「多様な社会グループにおける人間関係形成能力（自己と他者との相互関係）」(5)が示されています。これからの産業・情報・国際社会においては「他人と円滑に人間関係を構築する能力」「強調する能力」「利害の対立を卸し、解決する能力」の獲得に向けた学習過程の重要性を示しています。同じように文部科学省が示した新しい学習指導要領（2020-）の中核概念には「主体的・対話的な深い学び」を掲げています。対話的な学びについては「子供同士の協働、教職員や地域の人との対話、先哲の考え方を手掛かりに考えること等を通じ、自己の考えを広げ深める『対話的な学び』が実現できているか。身に付けた知識や技能を定着させるとともに、物事の多面的で深い理解に至るためには、多様な表現を通じて、教職員と子供や、子供同士が対話し、それによって思考を広げ深めていくことが求められる」(6)と説明しています。お互いの違いを認めつつ、対話を通して理解を深め、共存できる場や関係を創造する営みは、今後の学校教育、さらには社会を構成する成員となる上でも不可欠な過程であると考えます。修復的アプローチの理念や実践が、子どもたちの思考の礎の確立に寄与できるところも大きいかと思います。

2 学校での修復的アプローチ実践

(1) 学校への修復的アプローチ導入のきっかけ

それでは修復的アプローチは、どのようにして学校に導入できるのでしょうか。正直に言えば明確な方法も手順もありません。ここからは筆者やNPO法人修復的対話フォーラム(以後、RJフォーラム)の経験則に基づいての話となりますことをご了承ください。

筆者においては自治体のスクールソーシャルワーカー・スーパーバイザーなどを担っている関係で、教員研修の機会にいじめ予防や未然防止の取り組みとしてRJサークルを取り上げ、教育委員会や学校に提案することができます。そのため研修後に教員が関心を示し、依頼が入り、学校で実践する機会が度々あります。その他、RJフォーラムのメンバーでもあるスクールソーシャルワーカーが学校に対して働きかけることで、授業内でRJサークルを実践する機会もありますが、総じて授業の一環として提案するのが想定しやすいとの印象を受けます。

その学校側が導入する動機としては、クラス内で気になり始めた人間関係のもつれ、対立や排除の兆候、すでに生じているいじめ問題や学級崩壊への対応の一環、新入学や進級時のクラス変更にともなう関係づくりであったりと、さまざまです。実施する際は、テーマや内容に合わせて道徳か総合学習の授業に入れ込めるよう担任と協議します。その他、授業時間の確保が難しい場合には、朝の会や帰りの会、新入生オリエンテーション合宿などでも実践したことがあります。

いずれにしても修復的アプローチを学校へ導入する際には、ＲＪサークルのほうが具体的であり授業内での実践が想定しやすいため、以後の説明についてはＲＪサークルに限定させていただきます。

(2) ＲＪサークル導入の手順

ようやく学校へＲＪサークルの導入が決まったならば、教員研修、実践準備、実践、検証の手順を経ることをお勧めしております。

教員研修は、子どもたちが話しやすい環境を整えるためにも重要だと感じています。ＲＪサークルはルールに基づいた対話の場ではありますが、ネガティブな発言は禁止とか、ポジティブな発言が良い、という制限は設けていません。しかし教員としては子どもたちの発言内容が気になるようです。教員の立場から望ましい発言に拍手してしまうことで、子どもたちが思ったまま、感じたまま発言できなくなってしまい、結局価値観の押し付けになってしまう場面も見かけます。また学校とは教育効果（結果）も求めがちのため、どうしても「いじめに対して効くのでは」とか「積極的に発言できるようなるのでは」のように考えてしまいます。しかし前述のように修復的アプローチは平和構築という理念から始まっているため、結果ではなく過程を大切にしています。そのため教員の誤解や過度な期待を取り除く必要があります。その他、自分の発言の順番でパス（発言しなくてもよい）できることも重要ですが、教員の立場から強制的に発言させたり、発言するまで無理やり待つことが重圧となり、自由で安心な参加と対話空間が壊れてしまうこともあります。一緒に参加する場合には教員の立場ではなく一参加者として臨んでもらうためにも、外から見学の場合でも気になる子どもの監視にならないようするためにも教員研修の機会は必要不可欠です。

次に実践準備としては、プログラム内容の検討、実践環境（教室の広さ、人数）の確認、進行表やマニュアルの作成、備品の準備、協力者の確保が必要となります。ＲＪフォーラムでは定例学習会の際に、プログラムの検討をしますが、必要に応じて模擬演習も行い、進行や細部まで確認をしながら臨んでいます。実践と検証については以下で触れます。

（3）ＲＪサークルのプログラムと実践について

それではＲＪサークルのプログラムについて説明します。日常的な出来事から、最近の話題やニュースに至るまで幅広く取り上げることができるのがＲＪサークルの特徴です。これまで取り上げたテーマとしては「安心について考えよう」「尊重について考えよう」「クラスのガイドラインを作ろう」などがあります。今回はツールとして色紙を用いた「自分の気持ちについて考えよ

【資料1】RJサークルの進行（修復的対話フォーラム資料を参考）

RJサークル「自分の気持ち」進行マニュアル

段階	コメント	備考
導入	・みなさんこんにちは。 ・私は、みなさんのグループで進行役・をさせていただく○○です。 ・みなさんと一緒に話ができることを楽しみにしています。 ・よろしくお願いします。	
テーマの説明	・今日は「自分の気持ち」について一緒に考えたいと思います。 ・私が、これからみなさんにいくつか質問をするので、それぞれが思ったことを話してくださいね。 ・こんなことを言っては恥ずかしいとか、ダメとかはありません。 ・また言ったことに対して、それがいい答えだとか、悪い答えだとか決めることもありません。 ・とにかく、頭に思い浮かんだことを、そのまま伝えてください。	・説明は短め ・色紙を重ならないように机や床に広げる
ルールの説明	・（ルールを持って）これから話し合いを進めていく上で、私たちは4つの決まりごとを用意しています。 ・①お互いを尊重する、②人の話に耳を傾ける、③人を非難しない、④無理に発言しなくても良い、です。 ・（トーキングピースを持って）これはトーキングピースです。 ・これから順番にみなさんに回していきますが、これを持っている人だけが話すことができます。 ・他の人は、持っている人の話に耳を傾けてください。	・4つのルール（配布） ・トーキングピース（配布）
サークル	・今日は色紙を使って、話をしてもらおうと思います。 質問①「今の自分の気分の色は何色？その理由も教えてください。」 質問②「自分がなりたい色は何色？その理由も教えてください。」 質問③「大切な人に送りたい色は何色ですか？　送りたい人とその理由を教えてください。」 質問（予備）「明日過ごしたい色と理由を教えてください。」	・最初はキーパーから話をする（1分程度） ・個人的エピソード
終結	・今日は、「自分の気持ち」について話をしてくれてありがとうございました。 ・また次回を楽しみにしていて下さい。	・アンケート（直前に配布）

＜特記事項＞
- 多様な表現を受け止めてください。また話してくれたことへの感謝をお願いします。
- RJサークルに慣れるまで時間がかかります。少々の混乱（サークルから離れる、参加しない、考えないままのパス、ふざけた回答）も想定した上で、自主的に参加できるような雰囲気作りをお願いします。
- ストレングス（強み、良いところ、可能性を感じたこと、意見を言えたこと、人の話を聞く姿勢、参加する意欲など）をたくさん見つけてください。

う」の進行マニュアル（資料1）を一例としてご紹介します。

なお、対象学年や人数、さらには教室の広さや授業時間によって質問内容や問いかけ方などは変化させます。これまでの経験上、最初のプログラムはツールを用いたほうが子どもたちは積極的に参加できています。1グループあたりの人数は、年齢や状況によっても異なりますが概ね10名以下であると子どもたちも安定して参加できるようです。あまりに少ないと多様性を学ぶ機会が奪われるし、多すぎると他者の話を聞き続けることに飽きてしまう傾向があります。

続いてRJサークルにおける対話構造を示します。まずトーキングピースを持っている者だけが語ることができ、その他の者はその話に耳を傾けます。トーキングピースは語る人を明示することができるとともに、話をする勇気を与えてくれる不思議なかけらです。基本的に何を用いても良いのですが、鉱石（水晶など）や手作りのぬいぐるみなど、子どもたちも少しだけ緊張感をもって取り扱えるもの

【図2】RJサークルにおける対話構造

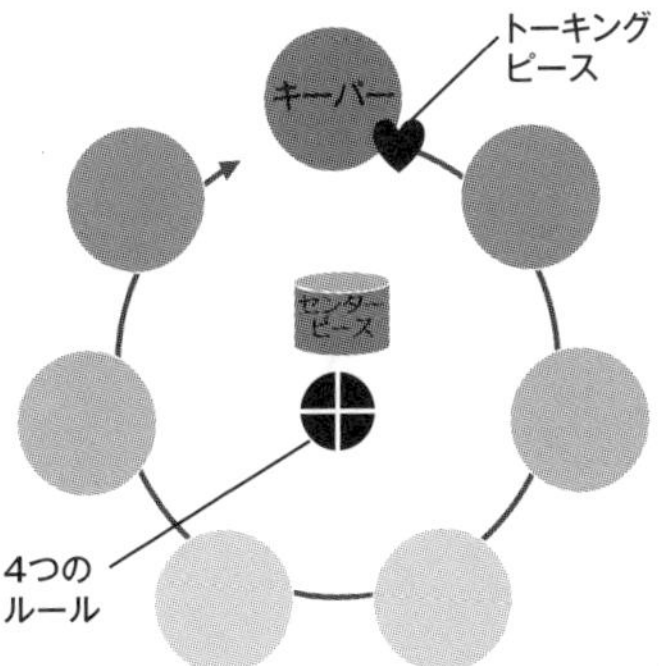

【全員が輪になる】

お互いが面と向かって語ることで、共通の関心ごとに焦点を向けている感覚を生み出す。

【センターピース】

場の一体感を生み出すためにサークルの中心に置くシンボル
【トーキングピース】

参加者が心の底から語り、耳を傾けることにできるためのツール。キーパーから順番に回していく。

【オープニング】

日常生活場面から話し合いの場に移行するための手立て（詩の朗読、歌を聞く、呼吸を整えるなど）。

【クロージング】

話し合いの場から日常生活に移行するための手立て（詩の朗読、歌を聞く、呼吸を整えるなど）。

がいいと思います。

通常イメージする双方の掛け合いを通した対話と異なりますが、一定のルールを設けることで誰もが平等に話す権利を有し、話す内容を遮られるわけではないため安心して自分の気持ちや考えを伝えることができるのです。また自分の話をしたくてもトーキングピースを持たない場合は聴き役に徹することで、他者の話をじっくりと聴き自分の意見と対比させたり、相手の立場に思いを馳せるなどゆらぎを生み出す機会にもなります。

(4) RJサークルの検証について

ここではRJサークル実践の検証について報告します。前述の通りRJサークルは成果や結果を求めるものではありません。あくまで提供するプログラムが適切だったのかを振り返る材料として、感じたこと、考えたことを、アンケートを通して子どもたちから教えてもらっています。

①「RJサークルは楽しかったですか」、②「またやってみたいと思いますか」、③「自分の話をすることができましたか」、④「自分の話をよく聞いてもらえたと思いますか」、⑤「相手の話を聞くことができましたか」、⑥「他人の知らないところを知ることができましたか」という質問項目に対し、『5:とても、4:まあまあ、3:ふつう、2:あまり、1:まったく』の尺度を設けております。

クラスの状態によっても異なりますが、概ね7~8割は好意的な評価をつけてくれます。なお

【資料2】RJサークルの感想

〈小学生〉
・普段静かな人がたくさん話していたので、いろいろなその人の面を知れてよかったです
・他の人の考えも知れてよかった。自分の考えも他の人に知ってもらえてよかった
・「みんなちがってみんないい」はとても良い言葉で考えれば考えるほどすごい言葉だと思った
・誰とでも仲良くしようと思った
・人にはいろいろな感情があるのがわかった
・自分の考えと他人の考えを結びつけ合うことができるので良いと思いました

〈中学生〉
・友達の知らないことがわかった
・自分のことを人の前で言うと、改めてわかるので楽しかった
・男女関係なく仲良くなれた
・初めてやった時より、みんなの笑顔が増えたし、色々な意見が出てくるようになった
・大切な人は家族だと言う人が多かったことに気づいた
・自分の意見を言えたうれしさ、人にきいてもらったよろこびがあった
・いつも自分では考えないことを考えて、振り返ったことで、自分をもっと知ることができたと思う
・自分の考えを言葉にして、他人に言うことが大切だった
・あまり仲のよくない人と仲よくなれそうなきがした
・全員が人の話を聞いていたのでイイと思った
・友達のこと少しわかった！　またやりたい！
・自分の意見を大切にしたいと思った
・みんな、なりたい自分がいて、自分だけ（ー（マイナス））が大きいわけじゃない

特徴は④⑤の項目に現れてきますが、相互に話を聞く習慣がない導入直後の段階では他の項目と比較して評価が低くなります。コミュニケーションは表出系（表現力や自己主張）だけでなく、反応系（解読力や他者受容）の双方のスキルが必要とされています。RJサークルの対話構造に不慣れな段階においては、自分の話はできても、他者

【図3】RJサークルの効果（牧野晶哲、RJ全国交流会（2017）配布資料）

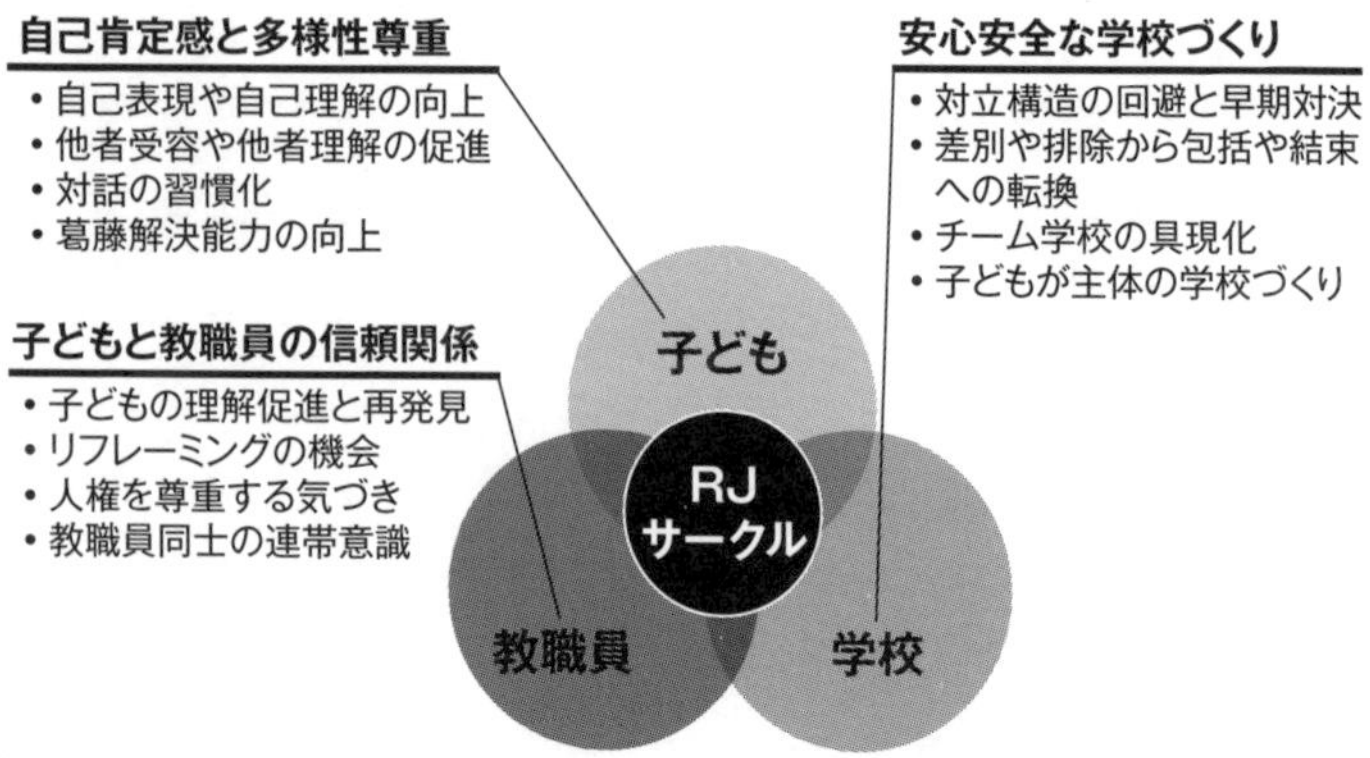

の話を聞けていないことも関連して、聞いてもらえた実感も薄まるようです。複数回重ねることにより他者の話に耳を傾けることも習慣化されてきますが、人の話を否定も肯定もなく聞く機会は意外と少ないことの現れなのかもしれません。

続いて自由記述ですが、複数の学校でいただいたコメントを抽出（資料2、原文ママ）してみました。こちらには掲載しませんが、「つまらない」や「みんなの前で話をするのは恥ずかしい」といった意見も時折挙げられます。このような意見にも耳を傾けながら、一人でも多くの子どもが安心した空間の中で、自分の話ができ、他者の話が聞けるような環境を創り上げる工夫はまだ残されているように思います。

ＲＪサークルを導入することによって子ども、教職員、学校にもたらす効果についてまとめたものを図３に示しました。必ずしも獲得や達成できるものではありませんが、少なくとも修復的アプローチが目指す方向性から導き出されるものであると考えます。

3　今後の課題

以上、いじめをわがこととして捉えられる一つの方法として修復的アプローチについて説明をしました。ただし学校での実践については始まったばかりであり、筆者としても手探りの状態で進めているところです。そのため、毎回不安は抱えながら臨むのですが、子どもたちの反応は新鮮であり、授業終わりの空気感はあたたかくなり、実践してよかったと感じています。いじめに対する特効薬ではありませんが、少なくとも対話の場を経ることで、お互いの関係に異なる影響と変化を与えるのだと感じます。また同調性を求めがちな学校に対し、子どもたち自身がお互い異なっていることを改めて認識できる場になるとともに、集団に適応するよう強制や矯正させるのではなく共存するための道を模索する手段を獲得することができるのだと思います。今後は、いじめの被害―加害が明確であり、なおかつ両者ともに対話や関係修復を求めた場合のコンファレンスにも取り組んでいければと考えております。

課題としては、取り組みが急速に広まることによって修復的アプローチの理念を顧みない実践があると伝え聞いております。まずは安易な導入には警鐘を鳴らしていきたいです。自戒の意味を込めてですが、学校でＲＪサークルをする際には、筆者の場合は必ずＲＪフォーラムのメンバーに相談し、プログラムを検討し協力体制を整えて実践に臨んでいます。これはプログラム優位になっていないか、結果にこだわりすぎていないか、学校に対話文化をもたらすことができるのか、を確認しながら進めています。実施することは免許や資格を伴うものではありませんが、RJフォーラムの他にも対話の会（代表・山田由紀子）※2、RJ対話の会（代表・梅崎薫）※3、コスモス村（代表・山下英三郎）※4などが開催している研修などに参加し、理念を学び、体験等した上で、先行して実践されている方々に相談しながら学校への導入を図っていただきたいです。

※2　NPO法人　対話の会　http://taiwanokai.org
※3　NPO法人　RJ対話の会　https://rjtaiwanokai.wixsite.com/info
※4　NPO法人　コスモス村　https://www.cosmosmura.org

引用文献

（1）教育再生実行会議「いじめの問題等への対応について（第一次提言）」2013年。
（2）山下英三郎著『修復的対話とソーシャルワーク』明石書店、2012年。
（3）同上。
（3）ハワード・ゼア著、森田ゆり訳『責任と癒し―修復的正義の実践ガイド』築地書館、2008年。
（4）（2）と同じ。
（5）文部科学省「OECDにおけるキーコンピテンシーについて」http://www.mext.go.jp/b_menu/shingi/chukyo/chukyo3/039/siryo/attach/1402980.htm

（6）文部科学省「主体的・対話的で深い学びの実現（「アクティブ・ラーニング」の視点からの授業改善）について」。

参考文献

・国立教育研究所編「平成24年度教育研究公開シンポジウム　いじめについて、わかっていること、できること。」悠光堂、2012年。
・文部科学省「いじめ防止等のための基本的な方針（最終改定）」2017年。
・山下英三郎「修復的アプローチのソーシャルワーク実践への適用に関する考察―学校におけるコンフリクト解決手段として」日本社会事業大学研究紀要、2013年。
・山下英三郎「いじめ問題に立ち向かう　修復的対話①～⑧」日本教育新聞、2013年。
・ハワード・ゼア著、西村春夫他監訳『修復的司法とは何か―応報から関係修復へ』新泉社、2003年。
・エリザベス・ベック他編著、林浩康監訳『ソーシャルワークと修復的正義―癒やしと回復をもたらす対話、調停、和解のための理論と実践』明石書店、2012年。

山本　操里

いじめによる不登校児童生徒への支援とスクールソーシャルワーカー

はじめに——いじめ防止対策推進法制定後の変化

筆者は現在、小学校や中学校のスクールソーシャルワーカーとして、さまざまな生きづらさを抱える子どもたちへの支援に携わっています。出会う子どもたちの中には、いじめ被害がきっかけで不登校となったり、効果的な支援がなされないままに不登校が長期化している子どもがいます。お会いする保護者の中には、学校時代のいじめ被害の辛さが未だ癒えないという方もいます。残念ながら、このような話は稀ではありません。

近年、いじめ被害にあった子どもの自死やそれに対する学校の対応姿勢が問われる報道を見聞きすることも多くなりました。もちろん、いじめ問題はかなり前から存在しており、痛ましい事件も繰り返し起きています。それらへの反省と再発防止や未然防止を目的として、いじめ防止対策推進法（以下、本法）が制定されました。それにより、いじめ問題への取り組みが少しずつ公になってきたように思われます。

もうひとつ、本法制定後に大きく変化したことと言えば、「重大事態への対処」が挙げられます。深刻ないじめ被害についての調査や具体的な対応などを、学校だけではなく外部からの異なる専門性を活用しながら対処していくことになっています。それにより、医師や心理職、弁護士や福祉職等が、調査や支援目的で学校現場に入ることができるようになりました。複数の専門性で子どもたちの現実を捉え、子どもたちの権利を守るために必要な手立てを講じることができるようになったのです。

このように、本法の制定によって、いじめによる子どもの権利侵害に対する大人たちの責務が明確になり、かつ、これまで教育職という単一の専門性によって組織化されていた教育現場に、他職種が多く入るという新しい環境が整備されてきました。多様な考えが混在する市民社会に近づいた形で、いじめ問題に対処していくことになったと言えます。本法はまだまだ議論の余地のある未成熟な法律であるという声も聞かれますが、いじめ問題について真剣に考えるための土壌が作られたという点では、一定の役割を果たしていると思われます。

本章では、筆者のスクールソーシャルワーカー経験をもとに、いじめ被害によって学習権が侵害された子どもへの支援の一例をご紹介します。学校で起こった子どもの権利侵害に対して、我々大人はどのようなことを大切にして取り組み、子どもたちの成長を見守るべきなのかについて考えます。

1　重大事態としての不登校対応
―ポイントは「信頼関係の築き直し」への支援―

いじめが原因での相当の期間の学校欠席が疑われる場合（以下、2号事態）を取り上げます。〝不登校〟という括りで見れば、これまで学校や関係機関等が取り組んできた不登校対応だろうと考える方もいるかと思います。しかし、2号事態となった場合、あるいはそれに近い事態になった場合の支援には、いじめに起因しない不登校ケースとは大きく異なるポイントがあります。それは、「信頼関係の築き直しへの取り組み」です。具体的には、いじめ被害を受けた子どもが、二度と恐怖感や不安感に襲われ続けながら学校生活を送らなくて済むように、安全で安心できる環境を整える努力をし続けることを意味しています。その考え方に基づく対処策でなければ、2号事態の解消はあり得ないと筆者は考えています。そして、その努力をすべき者は、学校であり、加害側の子どもとその保護者でもあり、被害側の保護者でもあります。誰一人欠けることなく取り組むその努力姿勢が、被害側の子どもに伝わることで、子どもは再び他者たちとともに生きていこうと思うことができるようになります。ただし、その努力姿勢が、どれくらいの期間で被害側の子どもに伝わるのかは誰もわかりません。数か月や1年で完了するものではありませんし、もしかすると、学校卒業後でも終わらないかもしれません。言い換えれば、それだけの深い傷を、被害側の子どもは負ってしまったのです。周囲の大人や子どもたちは、その傷の深さを思い、各々の立場で反省し、自らができることを真摯に取り組み、信頼回復のために努めていかなければならないのです。

本法によって、いじめ問題が公になってきた今、我々は、子どもの権利侵害が生じたことを素直に認め、あってはならない事態となっている状況を整理し、どのような手立てが必要なのかを迅速に考えられる環境を作ることが可能となりました。それを活用せずに、子どもの権利侵害を無駄に長期化させることは、大人による子どもへの権利侵害です。さらに、加害側の子どもたちに対して、適切な形での反省と信頼回復としての行動ができるような環境を整えていかないことも、大人による子どもへの権利侵害です。そうならないように、我々は互いの気づかないところを伝えあったり、単一の専門性では対処できない部分について他職種が協力したりすることが大切です。

2　支援の実際——仮想事例をもとに

《仮想事例：小学5年　女子　A子》

A子は、体調不良を訴えて登校を渋り始めました。A子の両親は、これまでに無かった様子に疑問を感じましたが、A子は「他の理由は無い」と頑なだったため、様子を見守ることしかできませんでした。その後、A子は欠席したがるようになり、理由を話すよう何度も尋ねたところ、ようやくA子が同級生からいじめられていると言ったのです。

いじめは1年ほど前から始まっていました。同級生たち複数名から、傷つくような言葉を言われたり、わざとA子の方を見ながらひそひそ話をされて笑われたりすることが増えてきました。無視もされるようになりました。A子は担任にいじめ被害を訴えると、担任は話し合いの場を設けて握手で仲直りをさせました。その後、次第に、加害側の言動はエスカレートし、A子は担任に訴えたことを後悔しました。人格否定やA子の存在を否定し死を促すような言葉を書いたメモが毎日渡されるようになり、独りで我慢していたA子も、とうとう耐えられなくなってしまったのでした。

A子から話を聞いた両親は、管理職と何度も話をしましたが、なかなか対応の方向性が見えないまま膠着状態となってしまいました。両親は、加害側に対する指導の強化や、担任だけに頼らない複数教員での見守り体制の強化を求めましたが、学校側は、加害側がA子からの訴えの一部を否認していることや教員の人員不足を理由に、具体的な対応策が提案できません。両親も疲労感と無力感を感じ、学校との距離を置き始めたのです。

さらに日が経ち、A子は不眠や食欲不振等の身体症状が表出し、欠席が長期化してしまいました。そこで、A子の支援目的でスクールソーシャルワーカーが対応することになりました。

(1) 自宅を癒しの場とするための環境づくり

心身共に憔悴しているA子は、気分の波が激しく、死を仄めかすようなことを言ったり、急に泣き出したりするため、A子の保護者は対応方法がわからず困惑していました。辛そうな我が子を見ていると、加害側の子どもやその保護者、学校に対しての怒りが込み上げるのです。そのような状況の中で、A子やA子の保護者がスクールソーシャルワーカーに会ってくれるのは容易なことではありません。スクールソーシャルワーカーは、その気持ちを理解しながら対応していきます。時には加害側や学校側に向くネガティブな感情がスクールソーシャルワーカーに向けられることもありましたが、それが関係性を築くためのきっかけになれば良いとスクールソーシャルワーカーは考えました。スクールソーシャルワーカーが、学校の教員ではなく、やみくもに再登校を促したりする存在ではないと口頭で説明しても、伝わりにくくて当然です。スクールソーシャルワーカーが信用する大人に値するか否かを、A子やA子の保護者が見極めようとしてくれている時期と捉え、スクールソーシャルワーカーが言葉通りの人物であると理解してもらえるよう誠意を尽くすしかありません。スクールソーシャルワーカーは根気強く定期的に家庭訪問を続けました。

この時、スクールソーシャルワーカーが優先して関わるのは、A子よりもA子の保護者でした。早い段階で信頼関係を築き、保護者の困惑や辛さを共有できる存在になれるよう努めました。なぜなら、A子の保護者は、A子が安心して癒せる環境を作り出すためのキーパーソンだからです。A子の痛みに保護者が集中して寄り添えるよう、スクールソーシャルワーカーがサポートするのです。時には、学校側からの働きかけを控えめにしてもらいたいという保護者の意向を学校へ伝えたり、A子の医療機関受診を共に検討したりしました。次第にA子は、自分の両親に対して、遠慮することなく甘えたりわがままを言ったり、辛さを吐露するようになりました。このような環境こそが、自宅が癒しの場となった証拠だと考えられます。

このような環境が整うと、A子はスクールソーシャルワーカーに会ってくれるようにもなりました。会話や遊びを通して、スクールソーシャルワーカーのことを知ってもらえるよう、A子との共通の話題を中心に、お互いに楽しめる時間を過ごしました。それでも、A子がスクールソーシャルワーカーに会いたくない気持ちの日もあります。その時は会わなくてかまわないことを事前に伝えておきました。気持ちの余裕がない時は誰にでもあること、それを我慢せずにきちんと伝えてもらいたいこと、会えない日があってもスクールソーシャルワーカーは変わらない態度で関わり続けたいと思っていることを、言葉と態度で示していきました。

(2) 学校を安全な環境にするための基盤づくり

スクールソーシャルワーカーは、A子の保護者やA子との信頼関係を構築しつつ、A子の傷が癒えていく過程を見守る一方で、学校や加害側の子どもたちとその保護者たちが、A子への信頼回復に向けて何をしていくべきかを考えられるよう働きかけを行っていきました。それぞれが今回のことを我が事として受け止め、どの部分を省み、繰り返さないためにどのように取り組むかを考える機会を持てるようにしたのです。我が事として受け止めてもらうことについては、加害側以外の同級生たちも同様に考えてもらわなければなりません。なぜなら、A子が学校や他者を安全であると再び思ってもらえるようにするための基盤となる人間をたくさん作ることが目的だからです。

まず、学校に対しては、A子の保護者の意向を踏まえつつ、今回の事態に至る前や至った後の対応で、どの部分が適切ではなかったのか、正しくはどのようにすべきだったのか、今後はどのような対策をしたいと考えているのかを説明することはできないか、と提案しました。学校側に省みる姿勢がなければ、A子の保護者は学校を安全な場であると思い直すことはできず、A子に対しても教員との関わりや学校復帰をさせていこうと思うことはできません。加えて、我が子のことはもちろん、加害側を含む地域の子どもたちへ適切な教育をしてくれる環境であると再び認めることもできません。

実際には、学校の考えや取り組み姿勢を、スクールソーシャルワーカー同席のもと、A子の保護者に説明して了解を得、その取り組みを実行してもらいました。そして、定期的に、進捗状況を学校やスクールソーシャルワーカーからA子の保護者に報告しました。その内容に修正を加える場合には、それらもA子の保護者に伝えていきました。この一連の事前説明や進捗状況の報告が、学校の取り組みの「見える化」です。どんなに丁寧に取り組んでいても、それが周囲に伝わらなければ、何も取り組んでいないことと同じです。「見える化」がなされていないことで、学校と被害側の保護者の関係性が悪化していく場合もあります。スクールソーシャルワーカーは、この「見える化」を意識して、学校とA子の保護者との橋渡し役を務めていきました。

加害側の子どもたちへの継続的対応についても、学校に考えてもらえるように働きかけました。それぞれの子どもが加害行為をした理由や行為の内容を教員に話させた後には、A子に対して抱いている感情の整理や信頼回復をどのように行っていくのかを考えさせるための継続的ケアが必要となるからです。加害側の子どもの内面を無視していきなり反省文の提出を求めることや教員が設定した握手会などが無意味であることは言うまでもありません。子どもたちが加害行為を反省し、これからどのように過ごしていくべきか、今後A子が復帰してきた際にはどのような行動をすべきか、自ら考えていけるようになってもらう必要があります。加害者の子どもたちの具体案は、「授業時以外はA子に近づかない」「遊ぶ場所はA子と異なる場所にする」でした。学校側は、この案を元に、見守るための教員配置を検討するなど実行可能な形に調整し、それぞれの保護者に伝え、了承をもらいました。

加えて、加害行為は行っていませんが、いじめの加害・被害の双方と共に過ごす子どもたちへの教育も欠かせません。加害側の子どもたちにとっては、しっかりと反省し信頼回復のための行動を積み重ねられるような環境を、A子にとっては痛みを理解しつつ辛い時には応援してあげられる環境を、学級の子どもたちにはつくってもらう必要があるからです。担任は、心の働きや病気について取り上げたり、人との関わり方について話し合ったりするような機会を学級内で多く設けるような工夫をしてくれました。

(3) A子とともにすすめる安心・安全な環境への改良作業

A子宅への定期的な家庭訪問を繰り返す中で、保護者から、食欲が増えたり、外出したいと言ってきたり、親戚との交流も嫌がらなくなったりしてきた、という嬉しい報告をもらえるようになりました。一方で、少し学校のことを気にしたり、学習の遅れを心配したりする言動も出てきたとのことでした。スクールソーシャルワーカーと保護者は、それらを心身のエネルギー回復のサインと捉えることにしました。保護者は、甘えさせている期間はそろそろ終了であると考え、A子に対して乱れがちだった生活リズムを整えさせ、家の手伝いをさせ、家庭学習にも取り組むように声掛けをはじめました。とは言え、しばらく学習には手をつけていなかったA子です。早寝早起きや家の手伝いは、両親から言われると拒むことはできませんが、学習には積極的になれませんでした。そこで、週1回、スクールソーシャルワーカーが家庭訪問する際に、一緒に取り組む時間を持つことにしました。それでも、未だスクールソーシャルワーカーと二人きりになることへの恐怖感があり、両親のどちらかの同席が必要な期間がしばらく続きました。両親は、そのようなA子の気持ちを尊重しつつ、部分的に席を外したり用事を作って家から離れるようにしながら、少しずつスクールソーシャルワーカーとA子との空間を作ることに取り組んでくれるようになりました。

A子がソーシャルワーカーの訪問を楽しみに待ってくれるようになり、勉強の感覚を取り戻してきたため、今度は教員との接点を探りました。スクールソーシャルワーカーの訪問時に限定して、A子にとって抵抗感の少ない教員に訪問してもらい、A子に慣れていってもらいました。A子が辛くなったら、第一に保護者が、保護者がいない時にはスクールソーシャルワーカーが、必ずA子を守ることを伝え続けました。頭ではわかっていても学校や教員への不信感や恐怖感が拭えないと葛藤するA子に、必ず寄り添う大人がいると体感してもらい、A子が安心できる大人を増やしてもらうことを丁寧に続けたのです。

教員に対するA子の言動が、保護者やスクールソーシャルワーカーとあまり差が無くなってきたら、学校復帰が可能となったサインと捉え、次の手立てを講じました。学期初めや年度初めをきっかけとして、部分登校を計画しました。A子が不安に思うことを一つひとつ聞き取り、それへの対策を練り、部分登校が成功するように、A子の保護者とスクールソーシャルワーカーと学校側が協力しあいました。協力しあう上でとても有効なのは、A子を含めた四者が、登校から下校までを、まるで映像によるシミュレーションのように事細かく打ち合わせしていく作戦会議です。例えば、登下校の時間帯や過ごす場所、登校時の学習内容のほか、加害側と接触する可能性があるか否か、他児たちから好奇な目でみられることが無いようにするにはどうするのか、万が一辛くなったときはどうするかなどについてです。A子が安心して登校し、その場所が自分にとって安全な環境であるかを確認できるような機会を何度か繰り返し、A子は安心して登校できるようになりました。スクールソーシャルワーカーは、部分登校に自宅から同行したり、教員らと共に学校で待っていたりしながら、保護者とは異なる存在でありながらも、信用できる大人であり、必要に応じて、保護者や学校の双方と通じている役割をもつ大人であることを認識してもらうように働きかけていきました。名付けて〝漂《ただよ》い支援〟です

このような準備を行っての部分登校を経て、A子の在校時間は次第に増えてきました。喜ばし

いことですが、今度は子どもたちとの関わり方や学習の遅れをよりリアルに感じるようになります。スクールソーシャルワーカーは、A子と関わるための場所を、家庭から学校に移行しました。学校での面談時には、スクールカウンセラーにも同席してもらう機会を設け、少しずつ交流を図ってもらいました。保護者とは家庭で、A子とは学校で話をして、困っていることや不安に思っていることを確認するようにしたのです。例えば、学習の遅れについては個別学習の機会を設けてもらいました。孤独感を感じていそうな場合には、休み時間などにスクールカウンセラーからA子に声掛けしてもらいました。長期の欠席による学級での疎外感を感じた時には、学級行事などを通じて交流を図ったり、休日に級友と遊ぶ機会を保護者同士で企画したりしてくれたこともありました。

A子の学校生活が通常に近い形になればなるほど、加害側の子どもたちとの接点も増えていきました。部分登校時には、加害側の子どもたちと接触しないようにするなどができましたが、それだけでは対応しきれなくなります。A子自身も加害側との接触に勇気は必要でしたが、その勇気が持てるようになる背景には、A子を取り巻く環境が変わったという実感がありました。それは、A子が欠席している間に加害側の子どもたちが信頼回復のために自ら考えた計画を、きちんと実行してくれていたからです。A子にしてみれば、何かあっても今度は必ず大人が守ってくれると思えたこと、そして、いじめ被害の辛さを理解してくれた級友たちがいたこと、そして加害側の子どもたちが遠慮がちにA子との距離感を保ってくれているという実感が積み重ねられていたのです。

そのうち、加害側の子どもたちは一人ひとり、A子に対して自然発生的な交流の中で、謝罪の言葉を言ってくれたのでした。A子はその言葉を受け入れ、互いにぎこちなさはありましたが、少しずつ会話も増え、休み時間などには共に遊ぶ姿が見られました。保護者たちと学校側は、子どもたち同士での関係修復過程を、心配しながらも過剰に反応することを堪え、見守り続けました。

(4) A子を見守るための〝漂い支援〟——問題意識の風化防止活動

その後A子は、2号事態になる前の状態とあまり変わらない学校生活を送れるようになりました。それでも、急に疲労感を感じて学習に集中できないことがあったり、級友とのやりとりの中で上手くいかないことがあると保健室で過ごしたがったりと、時々不安定になることがありました。無理に頑張ろうとしてしまったり、「また、いじめられるようなことがあったらどうしようか」という不安感に襲われることが背景にあるようでした。スクールソーシャルワーカーとの定期面談は継続していましたが、スクールソーシャルワーカーが不在の時には、その葛藤をスクールカウンセラーや養護教諭に話をしてくれるようになっていきました。A子が学校にいる大人たちへの信頼感を取り戻したことによるものです。そこで、スクールソーシャルワーカーは、一定時間はA子との面談時間として準備しておくが、A子が必要性を自ら考え、その時々の気持ちや授業などの活動を最優先していってはどうかと提案しました。話はしなくても、A子を見守る存在として校内に〝居る〟ことは約束しました。

この〝居る〟ことにはもう一つのねらいがありました。それは、問題の風化防止です。A子の回復には時間がかかります。大人からは克服したように見えても、実際はそうではない場合もあります。そのような時に備えて、2号事態としての支援に関わったスクールソーシャルワーカーが学校に出入りしていることで、学校側の問題意識は保たれていくのです。実際に学校側は、A子への対応だけではなく、いじめの未然防止やいじめ予防のための学校づくりなどにも力を入れるようになりました。それにより、子どもたちの中にも規範意識がより高まり、良くない言動を注意しあえるような関係性ができてきました。このような状況になればA子も安心です。スクールソーシャルワーカーは、A子やA子の保護者と話し合い、A子の支援を終結としました。

おわりに

本章では、仮想事例をもとに、いじめ被害によって不登校となった児童への支援におけるスクールソーシャルワーカーの支援例をご紹介しました。被害側の子どもが自らの力で回復していくためには、その子どもに関係する人びとが〝信用を取り戻す〟という一つの目的のもとに、協働していく過程が重要です。問題の発生も発見も対処も、全て子どもたちの生活現実の中で展開していくことを忘れることなく、保護者・教員・他の専門職者たちが、温かな眼差しと冷静な行動で対応していくことが求められているように思います。

2号事態における対応の在り方以外にも、本法によって作られた組織や対応方法における課題は多く、早急な整理と対応が必要です。しかしながら、子どもたちの成長を見守るための関わり方や理念は、法律に左右されるものではなく、普遍的な価値としてわれわれ大人が共有していくことが大切だと思います。

佐藤　洋子
住友　剛

養護教諭の取り組みから

はじめに

いじめられて教室に居づらくなった子どもや、教職員とのかかわりに困難を感じた子ども、家庭では言えない悩みをどこかで話したくなった子ども等々が、何かのきっかけで保健室に出向いて、養護教諭に対してまずは相談してみるということは多々ある。

そこで、「いじめの重大事態」への対応を中心に扱った本書においても、保健室及び養護教諭が子どもたちの訴えを聴き取り、校内にいる他の教職員、スクールカウンセラーやスクールソーシャルワーカーなどとの連携による対応のキーパーソンになることを想定し、実際の養護教諭の取り組みからヒントを得ることは重要だと考えた。

以下、本章においては、いじめや不登校、虐待その他さまざまな子どもたちの訴えについて、実際に養護教諭の立場から、保健室に来室する子どもたちへの対応を具体的にどのようにすすめているのかについてまとめておく。なお、本章は、養護教諭の佐藤が自分自身の体験や他校での複数の事例を混ぜ合わせるなどして綴った文章を、教育学研究者の住友が内容を確認し、加筆修正するかたちで整理してまとめたものである。

1　養護教諭は保健室で子どもをどのようにとらえて対応するのか

では、実際に養護教諭は保健室で、子どもたちの何気ないふるまいや発言などから何を、どのようにとらえて、具体的にどのような対応をするのだろうか。まずは、来室する子どもへの対応の様子から見ておきたい。

(1)来室する子どもの様子はさまざま

養護教諭が保健室にいると、次のように、さまざまなかたちで子どもの様子を確認することになる。

・毎日のように何回も来室する
・付き添いの友だちはいるのか、特定なのか?誰が付き添っているのか?
・身体的な訴えではないと感じる
・「……」(だんまり)、「別に」「何も」(ここから何をどうとらえるのか?)
・泣く、パニックを起こすなど普通ではない様子で飛び込んでくる
・殴られたような跡がある
・欠席、遅刻、早退の状況把握

来室した子どもたちに対して、養護教諭はどのような対応をしているのか。

まずは、来室した子どもの身体的な観察（体温、ケガの有無、身体症状など）、本人の訴えを聞く、必要であれば付き添いの子どもや付き添いの教職員から情報を聞く。次に、身体的ケアが必要であれば対応する。身体的に問題がなければ、本人の訴えをもとに精神的ケアを行う。

とはいえ、「しんどい」という訴えの中には、勉強するのが嫌になった、課題提出ができなくて逃げ込んでいる、友だちとの関係が問題で教室にいることができなくなった、単にやる気がないなどの内容が盛り込まれている。ただ、休み時間に来室した場合などは、どの内容のしんどさなのかを、短時間に聞き出さないと休み時間は終わってしまう。そこである程度の予想をつけるには、日ごろから担任と連携して、怠惰傾向、課題の提出状況、学力問題、発達の問題を連携することの必要性が生じる。

養護教諭は、生活（生徒）指導・いじめ対策委員会、特別支援委員会に参加するので、各種委員会からの情報も役立つ。問題は、それらの委員会の時に各学年の教員がきちんと情報を出すのかである。担任が子どもの問題を抱え込んでしまっている場合があったり、学校行事、授業研究等の会議などの多忙化のために、子どもが置かれている状況について学年内で情報交換できていない場合もある。

（2）保健室固有のアンテナとは

保健室での対応では、たとえば怠惰傾向の子どもには厳しめに対応し、学習参加を促す。発達問題を抱える子どもには、困りごとは何なのかを中心に尋ねる。困りごとについては、担任や学年に連絡して対応してもらうようにする。

一方、泣くだけの子どもは、困り感も大きい。ただ涙が止まらなくなってしまった子どもの場合は、いつごろから、思い当たる原因はないのかを時間をとって保健室でまず聞く。本人の了解を得て、担任、学年代表につなぐようにした。なかには性的ハラスメントにあっている場合もあり、さまざまな状況、原因を聞き取れるようアンテナを張る必要がある。

このほか、近年はSNSやLINEによる攻撃的なメールによって教室に行けない、怖いという訴えもある。保健室で本人から情報をキャッチした場合は、本人の了解を得て、担任、学年担当（主任）に連携し、対応してもらうようにしている。

一方、殴られたようなケガを発見した場合は、本人から誰にされたのか、継続中なのかを聞き出す。ただし、なかなか本当のことを言わない時もある。また、じっくりと話を聴き出すと、親からの虐待だったということもあった。子ども同士の暴力の場合は、担任、学年担当（主任）と連携し、生徒指導上の問題として対応する。ただ、養護教諭からは、できるだけ子どもの思いを聞き、思いに寄り添うように教職員には話をする。

なお、特に虐待事案の場合は、養護教諭や本人が信用している教職員を中心に話を聞き出すようにしている。その後の児童福祉行政との対応も、できるだけ子どもの気持ちを教職員が代弁するようにしている。

2　養護教諭と教職員とのかかわり

では、日々、保健室で子どもからの訴えなどを聴き取った養護教諭は、他の教職員とどのようにかかわり、学校として連携した対応を行っているのだろうか。ここでは若い養護教諭が困っているケースと、その悩みに対するベテラン養護教諭からのアドバイスをふまえるかたちで、養護教諭と他の教職員との連携に現れる諸課題を整理しておきたい。

(1)　若い養護教諭の苦悩

ある若い養護教諭は、保健室に来ている子どもたち、保健室登校を余儀なくされている子どもたちの対応に苦慮していた。なにかしてあげたい、どうしたらよいだろうかと日々迷いながら子どもに寄り添って対応していた。保健室の状況を誰かに相談することは思いつきもしなかったし、何より相談できる人がいなかった。

そんなある日、他の教職員から、「保健室が甘やかしているからいけないんじゃないの？」といわれた。甘やかしているわけではないという悔しい思いと、理解してもらえないという気持ちを、誰にもわかってもらえないと話していた。
この言葉に対して、ベテラン養護教諭たちから次のような助言があった。

- ・保健室に来る子どもの様子をその日のうちに担任に話す。
- ・保健室の子どもの様子を生活（生徒）指導委員会などで伝える。
- ・部活の顧問に相談する方法もある。
- ・伝えるときには、自分の考えや、どうしてほしいのかも伝える。
- ・保健室登校では学習補償ができないので、学習をどうするのかは担任の仕事だということを言う。
- ・クラスの友だちの協力を求める。
- ・家庭への連携を担任がどのようにしているのかを聞き出す。

ちなみに、当該の若い養護教諭は「そんなことを言ってもいいんですか？ どういう言い方なら聞いてくれるのでしょうか？」とベテラン養護教諭らに熱心に質問し、「私から言わなきゃいけなかったんですね」と、決意を新たにしていた様子だった。

(2) 保健室への丸投げの課題

さて、若い養護教諭が自分の親ほどの年齢差の教職員に、その日のうちに保健室に来た子どもの話をすること自体、かなりしんどいものである。たとえば担任たちは、部活、研究授業の指導案作り、不登校児童生徒への対応、学級事務、近年は校務支援ソフトの入力など、放課後は忙しいのである。この状況のなかで、話を切り出せるようなタイミングはまずない。20年ぐらい前からこのような教職員の状況に拍車がかかっているように感じる。小規模校で子どもの人数は少なくても、校務分掌は少ない人数で同じだけあるのだから一人にかかる負担が大きく、担任業務以外がなんと多い状況である。

授業時数の確保、次々に指示される調査や、研究授業、こんなことまで必要なのかと思うような保護者対応など担任は疲れ切っている。健康教育が入る隙間はないに等しく、養護教諭に対してもまだまだ風当たりはきついところもある。特にいじめ問題、不登校対策、発達問題、虐待対応などが養護教諭に求められるようになり、保健室や養護教諭に対する教職員の目も30年前とはかなり変わり、課題をかかえた子どもの問題が保健室に持ち込まれることが増えている。しかし、保健室に子どもを預けたらそれで終わったようになっていないだろうか？　教職員は養護教諭と一緒に情報を共有し、問題解決の手立てを考え、養護教諭は子どもや保護者への対応を担い、問題解決のための情報を提供する。役割を分担することができなければ、前述したように、保健室で抱え込むことになってしまう。

（3）コーディネートから見えてくる「連携」の諸課題

続いて、保健室からの発信に対して、教職員がどのように受け止めるのかが子どもの環境改善に影響すると思われる。教職員間で互いに子どもの情報を共有しようとする姿勢が必要になっている。そして、情報をコーディネートする人が誰なのかということも重要になる。具体的な例を出してみたい。

たとえば養護教諭が保健室で子どもの話を聞いて、本人だけ、子どもだけで解決しそうにない問題やSNSがらみのいじめと思われる言葉のやりとり、身体的虐待、経済的あるいは心理的虐待があったときは、子どもに「大人の力を借りなさい。担任に話しなさい」と話すが、子どもは、なかなかうんとは言わない。それは、いじめ返されないか心配という思いや、親に心配をかけたくない、大人を信用できないなどの理由がある。

そういう場合、養護教諭の側からは、「大人は子どもを守らなくてはいけない。先生たちはあなたを守らなくてはいけない人たちだ」「担任の先生にあなたから言えないときは一緒に手伝いましょうか?」と声をかけるようにしている。このように話すと「一緒に言ってほしい。そばにいてほしい」という子どもは多い。

そこで、保健室で担任、学年担当を呼び、一緒に話し、解決策を子どもと担任が一緒に考える。この時に学校だけでは無理な場合は、生徒指導担当や教育行政にも協力を依頼する。また、子ども自身に、保護者に知らせることについて子どもの意思を確認することが大切になる。どこが無理なのか、どこまで学校内でできることなのかを判断することができる人が一緒に話に加わることが必要になる。たとえばある中学校では、学年担当、生徒指導担当が加わり、最終には管理職に報告する流れをつくっている。

ちなみに、この場合の内容を記録することも忘れてはならないのだが「誰が記録するのか？」という問題もある。養護教諭の立場からすると、まずは、子どもの聞き取りをした人が記録を残すことがよいと思う。ちなみに学校によっては担任が記録していることがよくあるようだ。また、他の学校では、養護教諭が保健室で関わることが多かったので、養護教諭が記録するようだ。

では、実際に子どもの情報を聞き、何か様子がおかしいと感じた時点で、養護教諭からは担任、学年代表に話し、解決のための手立てを考えるケース会議を開く提案をする。だが、このとき、コーディネーターの役割をだれがするのか？　学校によって、生徒指導担当が中心になってコーディネーターを行うところは多いと思うが、実際には、養護教諭が行っている学校も多いのではないだろうか？

3　「救済ができる学校づくり」と「子どもにつけたい力」

ここでは、実際に学校で現在、行われているいじめ問題への対応や、そこに現れる子どもと教職員、保護者それぞれの直面している諸課題について、主に養護教諭の目線から見えてきたことを整理するかたちで述べていきたい。

（1）いじめとは何なのか？　ある中学校で起きたケースから

いじめ問題への対応を考える上で、ひとつの事例を紹介する。

ある中学校で、学級内と部活動の両方でいじめを受けたと訴えた子どもがいた。保護者は子どもの訴えをもとに、学校に対応を要求してきた。ただ、学校としての事実確認の結果、本人が言っているようないじめは誰もしていなかった。しかし、保護者はそれを聞いて「学校が隠ぺいしている」とさらに激しく要求してきた。そこで学校は保護者の要求通り、いじめられた子どもを同じ部活動の子どもと離すかたちで次年度のクラス編成を行った。このようなかたちで、近年、いじめ問題への対応をするなかで、被害者側、加害者側の双方の保護者が、自分の言い分を通すために学校に限りない要求をしてくることがある。学校は、できる限りの対応をするが、長期間続けることで、学校側が疲弊していると感じることがある。

（2）いじめの救済とは何か？

いじめ問題への対応とは、保護者の要求通りのことをすることなのか？　あるいは「子どもに寄り添うこと」は必要だが、それと同じくらい、今後、子どもをいじめられないようにすることも必要ではないのか？　いじめないようにすることも必要ではないのか？

「いじめがない学校」とよく言うが、最近、子どもたちは自分のグループと少しでも違う、自分のグループに対して少しでも反することが許せなくなっているように思う。あるいは、問題を抱える家庭の子どもが、親の関心を自分に引き付けるためにいじめられたと言ってみたり、本当は別の理由で学校に行きたくない気持ちになったのだが、それを正直に伝えるのではなくて、「いじめがあった」と言ってみたというケースもある。

養護教諭から見ると、いじめには明確なリーダーがいるときもあるが、大体はなんとなくみんなで無視したり、からかったりしている。そして、ほかの子どもたちはそんなグループのいざこざに巻き込まれたくない、関わりたくないと思っている。ターゲットを変えていじめを繰り返すこともある。次は自分がという危機感も併せ持っている。また、困っている子どもに対して関わらないという態度が、よりいっそうの孤立感を感じさせることになる。このような事例では、周囲の子どもも教職員側も何が本人の気持ちを傷つけたのか、まったく分からない。本人の言い分を検証しても、周囲の子どもにまったく思い当たることがない。

そこで、まずは子ども本人が自分の気持ちを伝える力をつけていくことが必要だと思う。嫌なことを嫌という、上手に説明できる、話を誇張せずに事実を伝える力は必要だと考える。他方で、子ども自身が話を誇張することで、おかしなことになって広がるし、何が本当のことか自分でもわからなくなっている時もある。そう考えると、子ども自身が情報のインプット、アウトプットを正確にできる力をつける支援は必要である。さらに子ども自身が、自分が苦手なこと、困っていることを周囲に伝える力もいじめを防ぐ手立てになる。まさに、「わかりません、教えてください」と言えない子どもが増えたのだと思う。ただ、子どもたち自身のプライドが高いのか、それとも、わからないことがわからないのか？

他方で、子どもたち自身が自分の気持ちを伝える力をつけていく上で、子どもにとって信頼できる大人がいることは大きな支えになると思う。子どもにとって信頼できる大人とは、安心感を与えて子どもに寄り添い、支えてくれる存在ではないだろうか。大人に相談できる環境があるのかないのかで、子どもの負担はかなり違うと思われる。

（3）子どもの課題の背景に見える保護者たちのしんどさ

ここで少し家庭環境のことに触れておくと、保護者もまた、子どもたちと同様に、つらい生活環境にある。

たとえば精神疾患を抱えた保護者が増えており、入退院を繰り返しているケースがある。あるいは、子どもの話を聞く暇もないくらい仕事をして疲れている親もいる。朝、昼、夜と仕事を掛け持ちして働くシングルマザー、シングルファーザーの家庭も増えている。養護教諭の側から見ても、体が心配になるほど働いている保護者がいる。そして保護者が体を壊しそうなくらい働いている家の中で、子どもたちだけで過ごしているケースもある。保護者に心配をかけたくないから家庭内で話をしない、どうせ聞いてもらえないから話をしない、叩かれたり言葉の暴力におびえたりして、親と話をしない子どももいる。

特に小学校では子どもが小さいので、保護者の精神状態の安定、ゆとりは子どもの心にダイレクトに関係している。たとえば急に今までと学校生活の様子がおかしくなった子どもの家庭訪問をした担任が、対応した母親に違和感を感じ、何度も訪問していると夫婦間の問題を話され、DVを受けていたことが判明したこともあった。あるいは友だちの靴を隠したり、きつい言葉で仲間はずれを繰り返して恐れられていた女子中学生の家庭で、夫婦間のトラブルが発生していたことが卒業してからわかったこともあった。

このようなさまざまな困難に直面している保護者への対応は、学校で誰が、どのようするのかも考えなくてはならない。学校側がさまざまなかたちで、家庭の環境情報を知っていることは手助けになるだろう。例えば小さな地域であれば、親の代からその土地で暮らし、隣近所に付き合いも濃く、ひょっとすれば教職員の誰かとも幼馴染の間柄かもしれない。そうとなれば、子どもや保護者の情報も多く、キーパーソンは誰なのかもわかりやすいであろう。

(4) SOSが出せる力はどこからどのようにうまれるか

養護教諭の側から教室を見ると、最近は面倒なことに関わりたくない、巻き込まれたくない子どもが増えて、困っているクラスの子に対して助けることがなくなっているように見えることがある。たとえば生徒会役員になりたくない、自分の時間が減らされたくない、厄介なことに関わりたくない、といった具合である。

助けたほうがいいかなとは思っているが、手を差し伸べることはできない。頭ではわかっていても行動できないのでは何一つ変わらない。しかし、クラスの中で、嫌な関係になっていることを知ってはいても、自分一人ではできないから……見ないふりをしている子どももいる。もちろん担任の学級経営によっては、クラスで解決できる力を育てている場合もある。

その一方で、養護教諭の側から子どもたち同士の関係を見ていると、面と向かって、話をするよりもスマホで文字だけでやり取りすることが楽になっている現状がある。たとえば、いじめをするだけのグループラインを作って悪口を言っていたケースがあった。このケースは、被害者側の訴えで学校は初めて分かった。学校としてもスマホリテラシー教育はしているが、講習を聞いている時の子どもたちは他人ごとになっている。また、子どもが実際にネット上で書き込みをしている時は、あまり自覚がない状態なので、歯止めはきかないように思われる。そのくらい、子どもたちどうしが面と向かって話すことができなくなっている。それだけ、子どもが自分の気持ちを表現する力が弱くなっているように感じるし、教室が安心できる空間になっているのか疑問である。

4　心に軌道修正をかけて子どもが笑顔で保健室を出ていくように

ここからは養護教諭の立場から、いじめ問題への対応として保健室で実際に行っている対応や、そこで常に心がけていることなどについて整理しておきたい。

(1)「おや？」と感じること

日々の仕事のなかでの子どもの捉え方、対応は、養護教諭によってそれぞれに違いがある。また、同じ養護教諭でも、若い時期とベテランになってからとでは、子どもの捉え方、対応に違いがある。それこそ若いころは、本で学んだことや、学生時代の授業、自分が子どもの頃の思い出を頼りにしていたかもしれない。ところがそんな薄い対応術ではどうしようもないくらいに、子どもたちは毎日まったく違う訴えを保健室に持ち込む。養護教諭として経験を積む間に、「おや？」「おかしい」「あやしい」と感じることが多くなる。根拠も、証拠もないが、養護教諭としての「勘」というものだと思う。

しかし、養護教諭としての「勘」を働かせて「おや？」と感じて、子どもの言葉を注意して聞いていくうちに、家庭内での虐待や生徒指導上の問題を聞き出すことがある。この感性は、養護教諭だけではなく教職員にもあると思う。「おや？」と感じた時に、忙しすぎてスルーしてしまい後で「あのときもっときいておけば……」と思ったこともある。ただ、養護教諭も含めて、教職員は忙しすぎると感性が鈍るような気がする。

保健室に来室してもただ「しんどい」と繰り返す、「教室に行きたくない」といってすねたような顔つきをしている時に、「おや？　体ではなくて、イライラしている」と思って「なにかあったの？」と聞くと母親とのけんかをしたことを話し始めた。成績のことで一方的に怒られたと話し始めた。成績のこと、進路のことで親子の話し合いができていないことが浮かび上がり、自分の気持ちもうまく母に伝えられていないことがわかった。本人といっしょに母親に自分の気持ちを伝える話し方を考え、進路について担任と保健室で話をしてもらうことができた。その結果、成績や進路のことで自分の見通しをしっかりとらえなおし、母親には担任からも話を伝えてもらうことになった。イライラしていた子どもは、すっきりとした様子になり、「しっかりがんばれ！」という担任の励ましに笑顔でうなずき教室に帰っていった。

（2）傾聴から具体的なアクションへ

ところで、ある養護教諭は、自分としては教室での学習を中心に考え、できるだけ子どもを保健室に留め置かないようにしたいと考えてきたという。

その養護教諭は、若いころは、カウンセリングの講演会などで「傾聴」という言葉を聞いて「話を聞いてあげることが大切なのだ」と思い、子どもの話をダラダラと聞いていたという。すると子どもたちは、いつでもダラダラとしていてもいい場所だと思ってしまった。ある担任から「勉強することが一番大切なのよ！」と言われて、自分のやっていたことが学校の中で浮いていたことに気が付いた。子どもの心に寄り添っていると思っていたが、他の教職員たちからは「ただの甘やかし」と思われていたのである。養護教諭側がいくら「子どもに寄り添っている」と思っていても、自分の意図するところを明確にしていないと、他の教職員からは「甘やかし」と受け取られる恐れがある。

もしかすると、前述の若い養護教諭も同じではなかったのではないか？　当該の子どもに学習に支障がない範囲の悩みなのか、学習どころではない精神状態なのかといった点を見極めることが必要である。また、子どもの話をただ聞くだけではなく、「今日は休みたかったけど、学校に来たんだね」などと子どもの本音を探ってみる質問をする。

ちなみに私の経験上、この本音を探ってみる質問に対して、子どもは良く反応してくれる。「休みたいけどお母さんに怒られる」といえば、「なんで休みたいの？　嫌な人がいるの？　何か言われているの？」と聞いてみる。うなずいたり、表情が変われば、また探ってみる。このように話しながら、ちょっとした友達とのいざこざ、親との朝のケンカの話を10分間の休み時間に聞いて、あいづちを打つだけで子どもは気分を変えて教室に行くことができる。「気持ちを切り替えて子どもが笑顔で保健室を出ていくように」という先輩の言葉が胸に残っている。

(3) 本人が1度でもいじめられていると感じたら「いじめ」なのである。

ところで昨今、いじめがあったにもかかわらず、教職員が気づいていなかった、対応していなかったと報道されるケースが多い。きっと、世の中の人は「なんでひどい、先生のくせに……」と考えるに違いない。しかし、本当に気づいていないこともあると思う。周囲の子どもたちも「え？」と思っている場合もあると思う。それは、明らかに本人との感覚のズレなのだろう。特に教職員のなかには、「この年齢なら、このレベルのことは理解できるはず、このくらいできて当然」と考える人もいる。そう考えてしまうと、子どもの状態について見えてこないことや気付かないこともでてくるであろう。

その一方で、たとえばある子どもの発言などに対して「普通の人ならこんなこと言わない。空気読んでよ」と考える子どもたちであれば、当然、周囲の子どもや教職員に対する言葉もきつくなるであろう、イライラしている顔をするであろう。そういう言葉かけが行われたり、そういうまなざしで見られりした本人には耐えがたい環境だと思う。しかし、周囲の子どもも教職員は当然のことができない子という見方をしていないだろうか？　そして、そのような子どもに対してイライラしてしまう子どももまた、同様に年齢相応のスキル、家庭環境が厳しい。つらいと感じても、うまく言えない、聞いてもらえない子どもたちが最近増えているような気がする。

ただ、周囲はいじめているつもりがなくても、「いじめ」なのである。本人との感覚のズレを修正する作業が必要になるのだと思う。実際にいじめられている本人から、何がつらいのか、困っているのかをしっかりと聞き取る作業には時間がかかり、忍耐もいる。その時間と場所を提供できるところは、学校内では保健室、スクールカウンセラー、スクールソーシャルワーカー、別室なのだと思う。そこで、それぞれの場所の担当者が、どのように聞き取り、感じ取り、他の教職員と連携するのかによって問題点が変わるように思う。また、連携する相手側の教職員の人権感覚もまた、問われてくると思う。

他の教職員は保健室情報を大切な情報だと考えているのだろうか。「また、そんな小さなことを言っている」と受け取るのか。実際に「それぐらいのこと、たいしたことではない」という対応をされる場合もあるが、養護教諭も子どものために引き下がるわけにはいかない。他の教職員を相手に、保健室で子どもから聴いたことをもとに、どこまで食い下がることができるのか、引き下がるのか。そこで養護教諭の人権感覚も問われてくるように思う。

5　養護教諭と校内の連携組織との関係

最後に、いじめ対応や不登校対応などの校内ケース会議などの連携組織に対して、養護教諭の立場からどのようにかかわっていくのかを、具体例を交えながら述べておきたい。

(1)　2つの学校での取り組み

ここでは、2つの学校での取り組みを紹介しつつ、養護教諭の目から見た校内ケース会議などの連携組織のあり方などについて課題を整理しておきたい。

まず、A小学校では生活に支障を要する子どもが多く、特に虐待、貧困家庭が多かった。このためA中学校の不登校対策委員会では、不登校児童の多くが虐待、貧困家庭であることから、名称を「生活支援委員会」に変更して支援が必要な子どもたちのリストアップ、優先順位の決定、行政との連携などについて話し合う会にしていた。また、この会の中で、校内のケース会議の必要の有無も考えられていた。また、この「生活支援委員会」は担任、保健室からも自由に発言でき、情報提供ができる会になっていた。

なお、A小学校では通級担任が特別支援委員会の長、図工専科が生活支援委員会の長、養護教諭が虐待、保健室登校担当であった。給食時間に専科の先生方全員と食べながら、子どもの支援について話し合われ、それぞれの委員会で協議したり、該当学年、管理職に報告、相談していた。一方、B中学校では、生徒指導部のいじめ対策委員会で、虐待、貧困家庭に対する情報共有を行っていた。B中学校では特に虐待事例が多く、保健室で情報を得る機会が多かったので、養護教諭がコーディネーターを引き受けて、対象生徒について校内ケース会議を行っていた。虐待事例への対応が多いのだが、いじめ問題への対応も、この養護教諭が入っての校内ケース会議で行ってきた。

具体的なすすめ方であるが、B中学校の校内ケース会議では、日頃見守っている子どもたちの気になること、できていること、今の支援内容、今後の支援（スモールステップで考える）役割分担、次回のケース会議の時期予定を話すようにしていた。また、校内ケース会議の主なメンバーは、担任、学年担当（学年主任）、養護教諭であった。ただし必要があればスクールカウンセラー、スクールソーシャルワーカーにも声をかけてオブザーバーとして参加をしてもらっていた。B中学校のケース会議には専門家の参加もあるため、教職員の鈍い感性や、思い込みに対して違う角度から指摘されるので、さまざまな気づきの機会になった。どうしても学校側の視点で考えがちであるので、本人の思い、保護者への視点がずれていることもある。そして校内ケース会議で相談した内容は、B中学校では学年担当から校長へ報告、相談されていた。校長は問題が発生すれば、コーディネーターを生徒指導にするのか、養護教諭にするのかを判断し、指示を出していた。

このB中学校の校内ケース会議は養護教諭自らが参加することもあって、支援の動きがはっきり見えていたように思う。また、各学年の教職員にも情報共有ができているので、話が通じやすかった。ただし、B中学校の校内ケース会議がこのような体制になるまでに7年かかった。

ちなみに、B中学校で校内ケース会議をこのような形で運営するようになるためには、校長の指示が大きなきっかけになったという。前任の校長は、安否確認できない生徒を行政連携してほしいと提案した教員に「そんなことをすれば保護者からの信頼を失うことになるからしない」といい、「いじめられる側にもいじめられる理由がある」と言っていたので、行政側との連携もまったくなく、何事も担任だけに任せきる状態で、校内チームもできていなかった。

(2) 校内での「スクールカウンセラーやスクールソーシャルワーカーとの協働」のために

ところで養護教諭の目線から見ると、スクールカウンセラー、スクールソーシャルワーカーは配置されても、受け手側の学校がうまく連携しているとは思えないケースがある。ようやくスクールカウンセラーの協力を求めるようになったが、はたして連携し、協働しているとはいいがたいように見える。

たとえば学校のなかには、従前どおり「担任がんばれ」方式の校長も多く、担任と学年の教職員が抱え込んでいる事例もある。あるいは、少しでもリストカットがあれば全て自殺企図としてすべてを学校から教育行政当局に連絡するようなケースもあり、そうなると、担任はまるで人ごとのようになることもある。さらに近年、スクールカウンセラーやスクールソーシャルワーカーなどの専門家や行政当局に子どものケースを送ればそれでよい、まずは一安心と思っている教職員もいる。誰か特定の専門家や行政当局に困難なケースを押し付けるのではなく、同じ校内チームにいるスクールカウンセラーやスクールソーシャルワーカーなどの専門家から助言を受け実践できる教職員集団にしていかなければならないと思う。

一方、虐待の疑いのあるケースなど、養護教諭側からさまざまな事案について報告すると、校長は行政当局へ連絡する。しかし、その後、行政当局がどのように対応したのかについて、養護教諭側には全く知らされないことが多い。たとえば、その後の子どもの様子に改善が見られないので、あらためて校長に報告すると、「行政には連絡しているから」という。養護教諭側から改善がないことを報告すれば、校長は「また、行政に連絡する」という。養護教諭側としては行政が何をして、保護者がどう反応されているのかまでしっかりと聞いて、校長がそれに対してどう判断を下したのかまで聞きたいところである。学校現場は、まったく子どもの様子が改善されないので困っているのである。

子どもの指導は学校で教職員が行うが、「保護者の指導は連絡を受けた行政が行うものではないのか?」と大半の教職員は考えている。また、行政当局と教職員をコーディネートするのが校長の役割ではないか。さらにスクールソーシャルワーカーが本当はこの役割を担うべきではないのかと思うこともしばしばである。

おわりに――養護教諭を含む教職員の側から教育行政当局に願うこと

本章の締めくくりとして、養護教諭を含む教職員の側から、教育行政当局などに「お願い」をしたいことがある。それこそ、たとえば子どもどうしのケンカによるけがや、事故に対する保護者、被害者対応の場になりやすいのが保健室である。養護教諭は常に対応を迫られ、場合によれば担任への「指導」も要求されることがある。まさに養護教諭は、危機対応の判断がその場その場で、瞬時に必要になるのだ。また、実際に保護者や他の教職員とのもめごとが起きる背景には初期対応の不手際を責められる場合が多いので、養護教諭のその場その場での判断が大切になる。このような養護教諭の置かれている立場をよく理解した上で、教育行政当局には、たとえば危機対応時に際して保護者とトラブルが起きた場合の対応について、学校任せではなく一緒に考えて対応していただきたい。

たとえば、重大事態の事案発生時の対応はどうあるべきなのか。「学校事故対応に関する指針」

など、各種の指針に沿った教職員研修をする必要もあるだろう。あるいは、校長ら管理職の危機管理に関する研修をていねいに実施したり、各校で被害にあった子どもや保護者等々の心のケアのために何をすべきなのかなどを、教育行政当局から各学校に指導していただきたい。もちろん、それぞれの学校で起きる事柄はさまざまであり、ひとまとめに研修などもできにくいことはわかる。ただ、たとえば被害にあった子どもの保護者への電話対応、マスコミ対応のあり方についての研修や、虐待の場合は被害にあった子どもへの聞き取り、虐待の疑いのある保護者への聞き取りなど項目を分けて研修を行うなども必要である。そして、このような研修をふまえた上で、実際に起きた時には教育行政当局は学校と一緒に対応してほしい。

今回、子どもの虐待対応については、文科省からの調査で、まず安否確認は家庭訪問をして本人の顔を確認するようにという指示があった。これは、学校にとって一歩前進したと思う。このような具体的な指示、提案があればと思う。また、自治体教育委員会は当該の自治体の教育をどのようにするのかという方向性を示すところであるが、その教育の方向性の前に、子どもの安心、安全確保のために市は何をするのか、学校はどうすべきなのかを明確にしてほしい。

あとがき

本書は、いじめ防止対策推進法上の「重大事態」の未然防止・再発防止の取り組みや発生時の対応について、「子どもの権利擁護」の観点から、「実際に誰が、どのような対応をすればいいのか?」という「実務的なこと」にこだわってまとめたものです。特に本書では、重大事態発生時に設置される調査委員会（第三者委員会）の運営のあり方や、その調査・検証の結果をふまえて提案される再発防止策の実施のあり方を中心に論じてみました。

本書の執筆者は、たとえば大学の研究者、弁護士、医師、ソーシャルワーカー、養護教諭と多様です。また、調査委員会にかかわった被害者家族・遺族が、研究者・専門職らと共に執筆した本は、本書以外にまだまだ少ないと思われます。そして、いじめの重大事態に関する社会的な関心が高まる一方で、本書で扱った調査委員会運営や再発防止策の実施に関する「実務的なこと」についての議論は、まだまだ「これから」という段階のように見受けられます。

したがって、今後の調査委員会運営や再発防止策の実施などの場面や、各自治体・学校でのいじめ防止の施策・実践づくりの場面において、あらためて本書の内容をふまえて、「子どもの権利擁護」

の観点からの「実務的なこと」への関心を高め、さらに議論を深めていただければ幸いです。

と同時に、先述の本書の執筆者のなかに養護教諭はいますが、たとえば小・中学校や高校、支援学校の教職員や校長・教頭といった管理職、指導主事ら教育行政職員が含まれていません。今後「子どもの権利擁護」の観点から「実務的なこと」にこだわって、いじめの重大事態の未然防止・再発防止の取り組みや発生時の取り組みについての議論を深めていくためには、このような学校や教育行政の関係者からの情報発信も必要不可欠です。

被害者家族・遺族からの問題提起や、調査委員会に関わる研究者・専門職からの指摘をどのように受け止めて、学校や教育行政が「子どもの権利擁護」の観点をふまえて「内側から変わっていく」姿が見たい。次は、そのようなテーマで本をまとめたい。本書のしめくくりにあたって、編者のひとりとして、このことを記しておきたいと思います。

最後になりましたが、本書をまとめるにあたってお世話になったみなさん、編集作業でお世話になったかもがわ出版の吉田茂さんに、この場をお借りしてお礼申し上げます。

２０１９年12月

編者のひとりとして　住友　剛

【筆者紹介】（50音順）

岡部　睦子（おかべ　むつこ）　郡山市スクールソーシャルワーカー
葛岡　道男（くずおか　みちお）
葛岡　　睦（くずおか　むつ）
倉持　　恵（くらもち　めぐみ）弁護士
佐藤　洋子（さとう　ようこ）　公立中学校養護教諭
鈴木　庸裕（すずき　のぶひろ）日本福祉大学子ども発達学部
住友　　剛（すみとも　つよし）京都精華大学人文学部
牧野　晶哲（まきの　あきのり）白梅学園大学子ども学部
桝屋　二郎（ますや　じろう）　東京医科大学精神医学分野
山本　操里（やまもと　さおり）宮城県教育委員会スクールソーシャルワーカースーパーバイザー

「いじめ防止対策」と子どもの権利
——いのちをまもる学校づくりをあきらめない——

2020年２月25日　第１刷発行

編著者　鈴木庸裕・住友　剛・桝屋二郎
発行人　竹村正治
発行所　株式会社 かもがわ出版
〒602-8119 京都市上京区堀川通出水西入ル
TEL 075(432)2868　FAX 075(432)2869
ホームページ http://www.kamogawa.co.jp
印刷所　新日本プロセス株式会社

ISBN978-4-7803-1075-7 C0037